04

孟子

中文經典100句

台灣師範大學國文系季旭昇教授 總策畫
文心工作室 編著

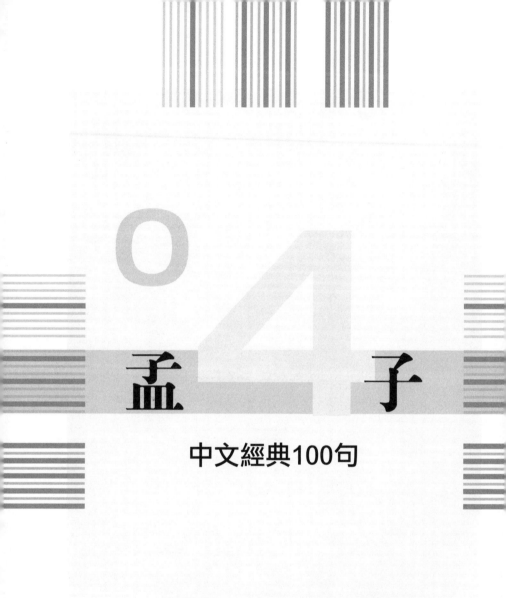

〈出版緣起〉

站文化巨人的肩膀上

季旭昇

「犁明即起，灑掃庭廚。忘著窗外，一片籃天白雲，令人腥情振忿。隨便灌洗一下，整理遺容之後，走到客聽，粘起三柱香，拜完劣祖劣宗，希望祖宗給我保屁。然後匆匆敢往朋友的壽宴，為朋友舉殤祝壽，大家喝的慾罷不能。談到朋友的事葉出現危機，我就建議他要摒持理念、拿出破力。朋友也免勵我要多用功，才能寫出家譽戶曉、擲地有聲的文章。晚上我開始發糞讀書，日以繼夜的終於寫完這一篇文章。」

這是用現在見怪不怪的錯字集錦而成的一篇小文，果然可以「擲地」，但是未必「有聲」。近年來，這種錯字太多了，老師開始憂心、家長開始憂心、社會賢達開始憂心，只有學生和教育主管當局不憂心，教育主管當局甚至於還要進一步削減中小學的國語文授課時數。終於，社會的憂心迸發了，由各界組成的「搶救國文聯盟」日前已起來呼籲教育主管當局要正視這個問題，不要坐視國家競爭力一日一日的衰落。

身為文化事業一份子的商周出版，老早就在正視這個問題了，所以洞燭機先地策畫了「中文可以更好」系列，為文字針砭、為語文把脈，希望把這些年語文界的毛病治好。各界反應還不錯。

語文的毛病治好了，體質還是不夠強壯。商周出版認為進一步要熬十全大補湯，讓我們的語文更強壯。這「十全大補湯」就是「中文經典一〇〇句」系列。

《荀子．勸學篇》說：

「吾嘗終日而思矣，不如須臾之所學也。吾嘗跂而望矣，不如登高之博見也。登高而招，臂非加長也，而見者遠；順風而呼，聲非加疾也，而聞者彰。假輿馬者，非利足也，而致千里；假舟楫者，非能水也，而絕江河。君子生非異也，善假於物也。」

學畫一定要先從芥子園畫譜學起。芥子園畫譜是初學者的「經典」。張大千的畫藝要更上層樓，所以要去千佛洞臨壁畫。千佛洞是張大千的「經典」。學書法的人要學二王顏柳，二王顏柳是書法界的「經典」。

經典是古代聖賢才智的結晶，是民族文化的源頭。

多認識經典可以讓我們站在巨人的肩上，長得更快、更高。

多認識經典可以讓我們的思想、文字帶有民族智慧、民族風格。

《論語》、《史記》、《孟子》、《莊子》、《戰國策》、《詩經》、《唐詩》、《宋詞》、《古文觀止》、《紅樓夢》等，這十本書應該是現代國民的「最低限度必讀經典」，做為這個民族的一份子，沒有讀過這十本書，就稱不上這個民族的「知識分子」。但是，現代人實在太忙了，大人忙著五光十色、小孩忙著被教改、社會忙著全民英檢、國家忙著走出去，人人都在盲茫忙，商周出版因此為忙碌的人們燉一鍋大補湯，用最活潑簡明的文句，把經典的精粹提煉出來，讓大家可以在「三上」（馬上、枕上、廁上）閱讀。在做完文字針砭、為語文把脈、把病痛治好後，讓我們來培元固本，增強功力，站在文化巨人的肩膀上，看得更高，飛得更遠！

（本文作者現為台灣師範大學國文系教授）

〈專文推薦〉

芝麻！開門！

馬寶蓮

隨著「黃金博物館」園區的開放，熙來攘往的人潮，讓璞玉般的「金瓜石」再現風華。大家拾級而上，移步換景，各自腳踏實地的解讀著這個耐人尋味的礦區。「山村猶有讀書聲」，任誰也想像不到有著雄偉校舍的最高學府——「時雨中學」，當初侷促一隅的模樣；任誰也想不到這兒竟是我與「孟子」結緣的開始。

孟子曰：「君子之所以教者五：有如時雨化之者，有成德者，有達財者，有答問者，有私淑艾者。此五者，君子之所以教也。」（《孟子・盡心》）新生入學，老師首要之務就是闡釋校名的由來，深恐看慣老天淚眼、穿慣雨衣雨鞋的我們誤解了它；怕我們忘了前人在篳路藍縷中艱辛創校，如及時雨般沾溉礦山學子的用心。爾後，孟子的名言也就涓涓滴滴地注入我們學子的心田——「大人者，不失其赤子之心」的自我期許、「事親爲大、守身爲大」的不二法門、「父子有親、君臣有義、夫婦有別、長幼有序、朋友有信」五倫的踐履、「惻隱之心、羞惡之心」的共識、「魚與熊掌、捨生取義」的抉擇、「太山北海、反掌折枝」不能與不爲的分野，「行有不得，反求諸己」的省思等等，遂使典冊不再是典冊，而成爲一己的身心之學。

隨後自己忝爲人師，在「誨人必以規矩」、「教亦多術矣」的實證中，間或也有「得天下英才教育之，一樂也」的欣慰，體會「學問之道無他，求其放心而已矣」的要義，也深知「揠苗助長」的不當。然而，在講授《孟子》的篇章時，孟子慷慨激昂的生命力，每每令人動容——「萬物皆備於我，反身而誠，樂莫大焉」、「富貴不能淫，貧賤不能移，威武不能屈，此之謂大丈夫」、「天將降大任於是人也，必先苦其心志，勞其筋骨，餓其體膚，空乏其身，行拂亂其所為，所以動心忍性，增益其所不能」、「聞誅一夫紂矣，未聞弒君也」、「仰不愧天、俯不怍地」、「舍我其誰」種種的認知與擔當，對年輕的學生而言更是深具感染力。

雖然有些人認為孟子只是位辭鋒犀利善辯的人，孟子則已自陳：「予豈好辯哉？予不得已也。」的苦衷；雖然有些人一如梁惠王看待孟子是一位「迂遠而闊於事情」（《史記．孟子荀卿列傳》）的人，殊不知太史公一讀到「王何必曰利！」每每廢書而嘆：「當是之時，……天下方務於合縱連衡，以攻伐為賢，而孟軻乃述唐虞三代之德，是以所如者不合。」然而，「此一時也，彼一時也」，《孟子》被列為四書、列為十三經、列入哲學、思想史等，其內容的重要性與豐富性早已被認可。近代方家學者亦不乏以深入淺出的方式介紹孟子，如黃俊傑、傅佩榮教授；也有以語譯、廣解的蔣伯潛、楊伯峻先生；兼有針對重要議題的探討，如袁保新教授以「人禽之辨、王霸之辨及義利之辨」撰成孟子三辨的專著等，凡此自然都是研讀孟子頗具奠基價值的書籍。

至於商周出版社此次繼《中文經典一百句——論語》後推出的《中文經典一百句——孟子》，由文心工作室優秀的文史哲碩博士畢業生負責編撰，不唯有大家熟知的智慧名句「五十步笑百步」、「聲聞過情，君子恥之」、「人有不為也，而後可以有為」；也有別具隻眼值得反覆咀嚼的佳句「雖有惡人，齋戒沐浴，則可以祀上帝」、「君仁，莫不仁；君義，莫不義；君正，莫不正；一正君而國定矣」等。一般讀者可以藉由各單元相關的語文知識輕鬆的讀，體會《孟子》歷久彌新的精神。而經典一百句，將《孟子》菁華再現，以穿梭中外故實，徵引時事等跳脫窠臼的寫法，不獨可以引起中學生親近經典的興趣，也可列為分類編排《文化基本教材》延伸閱讀的參考資料。

每個人都是一本書，如果我們想「尚友古人」，和孟子這位發光、發熱的諤諤之士結個不解之緣，不妨把此書當作敲門磚，輕輕地喊聲：「芝麻！開門！」也許就會有「去聖人之世若此其未遠也，近聖人之居若此其甚也。」（《孟子・盡心》）的感受；而「書中自有黃金屋」，入寶山又怎會空返呢？

（本文作者現爲臺北大學中國語文學系副教授）

義利之辨

王者之道

Contents／目錄

天地無限

Contents／目錄

孟子100 義利之辨

王亦曰仁義而已矣，何必曰利

名句的誕生

孟子見梁惠王[1]。王曰：「叟[2]！不遠千里而來，亦將有以利吾國乎？」孟子對曰：「王！何必曰利？亦[3]有仁義而已矣。王曰：『何以利吾國？』大夫曰：『何以利吾家？』士庶人[4]曰：『何以利吾身？』上下交征[5]利而國危矣。萬乘之國，弒[6]其君者，必千乘之家；千乘之國，弒其君者，必百乘之家[7]。萬取千焉，千取百焉，不為不多矣。苟[8]為後義而先利，不奪不饜[9]。未有仁而遺[10]其親者也，未有義而後其君者也。王亦曰仁義而已矣，何必曰利？」

～梁惠王章句上

完全讀懂名句

1. 梁惠王：就是魏惠王，戰國中期魏國國君，名罃，惠是他的謚號。因魏國都城在大梁（今河南開封西北），所以又叫梁惠王。
2. 叟：老人，對年長者的尊稱。
3. 亦：只、只要。
4. 士庶人：士人和庶人。士人即學者、為官者，庶人即老百姓。
5. 交征：相互爭奪。征，取。
6. 弒：下殺上、卑殺尊、臣殺君叫弒。
7. 萬乘、千乘、百乘：古代用四匹馬拉的一輛兵車叫一乘，諸侯國的大小以兵車的多少來衡量。

8.苟：如果。

9.饜：音厭，滿足之意。遺，遺棄、拋棄。

語譯：

孟子拜見梁惠王。梁惠王說：「老先生，您不遠千里而來，一定是有什麼對我的國家有利的高見吧？」

孟子回答說：「大王！何必開口閉口都是利字呢？只要講仁義就對了。像大王您說：怎樣使我的國家有利？大夫們說：怎樣使我的家庭有利？士人和老百姓說：怎樣使我自己有利？結果上上下下相互爭權奪利，國家能不危險嗎？在一個擁有一萬輛兵車的國家裏，殺害他國君的人，一定是擁有一千輛兵車的大夫；在一個擁有一千輛兵車的國家裏，殺害他國君的人，一定是擁有一百輛兵車的大夫。在一萬輛兵車的國家中就擁有一千輛，在一千輛兵車的國家中就擁有一百輛，他們擁有的不算不多。可是，如果把義放在後而把利擺在前，他們不奪得國君的地位是永遠不會滿足的。反過來說，從來沒有講『仁』的人拋棄父母，從來也沒有講義的人卻不顧君王。所以，大王只要談仁義就行了，何必說利呢？」

名句的故事

《孟子》一書，開宗明義第一章談及的便是孟子有名的「義利之辨」。這種觀點，可以說是由孔子開其端，因爲在《論語．里仁》篇中，孔子便曾說過：「君子喻於義，小人喻於利。」孟子之後的荀子也繼承此說，在他的《荀子．大略篇》中如此寫道：「盛世重義，亂世重利。」

「君子不言利」一直是儒家的傳統，不僅儒學的三位大家孔子、孟子、荀子都曾先後且深入地談到「義」與「利」的區分及利弊，並史學家司馬遷也說自己每回讀「孟子見梁惠王」這章時，總會發出如此感嘆：「利實在是天下大亂的原因啊！」

確實，以「利」爲出發點，人們便會爲了追逐利益，而致使良知蒙昧。良知一旦蒙昧，任何人只要在利益的驅使下，都有可能做出不義之事，甚至於危害社會，這也就是爲什麼大儒們如此重視且強調「義」與「利」的區隔。

可以這麼說，「義利之辨」其實正代表著一個人的價值觀，也代表著一種價值觀的抉擇，是先秦儒家「重德行、輕利害」的一個源頭，在儒家的體系中非常重要，直到今天，都被認爲是儒學的核心義理之一。

朱熹《孟子集注》裏說得更直截了當，認爲君子不言利並不是完全不想利，只不過不唯利是圖而已。而孟子之所以說的那麼堅決，是因爲當時的人都唯利是圖，根本不知世上有「仁義」二字。

如此語重心長又振聾發聵的警言，怎能不讓人深自反思呢！

歷久彌新說名句

無論古今中外，見「利」忘「義」的例子可說是不勝枚舉，歸根究柢，這全是由於人們太在乎切身的利益，而將仁義道德等善良德性全部棄之於腦後。

但若我們仔細想一想，其實孟子積極想說服梁惠王所說的「仁義而已矣」，最終目的也是爲了「利」於天下、「利」於百姓，只不過這個「利」是「大利」，與梁惠王那種短視且急功近「利」的「小利」不可同日而語。並且，施行仁義做起來不僅不必勞民傷財，更不必外求於人，只需反求諸己。由自己本身做起，將仁德廣披眾人，自然天下就會穩定，百姓就能安康。

前美國總統甘乃迺說過一句名言：「不要問國家爲你做了什麼，要問你爲國家做了什麼。」我們若深思其意，便可發現其實這句話與孟子的「何必曰利」之語背後都具有相同的意涵，也就是皆先重視自我要求，直至盡己所能、無愧於心後，方才再論其他。

直至今日，「何必曰利」常常單獨被提領出來，做爲一種表達「行某事、非爲利」的立場，而不再與「仁義」二字捆綁在一起。因此我們可以看到許多企業主在贊助某些商業活動時，總口口聲聲對記者們說「何必曰利」，就像中國大陸一家菸廠總裁在贊助西班牙某知名足球隊時，打出的口號便是：「贊助皇馬『何必曰利』。」但其實明眼人皆知，若不為利，所為為何？

如果孟子知道自己當初那樣鏗鏘有力的「何必曰利」之語，在今天居然被人當成一種「看似儼然」卻「其心昭著」的博取聲名之語，眞不知道老先生會做何感想。

無恒產而有恒心者，惟士爲能

名句的誕生

無恒[1]產而有恒心者，惟士為能。若民，則無恒產，因無恒心。苟無恒心，放[2]辟[3]，邪侈[4]，無不為已。及陷於罪，然後從而刑[5]之，是罔[6]民也。

～梁惠王章句上

完全讀懂名句

1. 恒：常、一定的。
2. 放：放蕩。
3. 辟：同「僻」，與「邪」同義。
4. 侈：不依制度、胡行亂為。
5. 刑：動詞，加以刑罰。
6. 罔：同網，羅網之意，此處意指張網羅織、陷百姓於絕路。

語譯：

沒有穩定的資產作為生活保證，卻又要求保持良好的道德品質，恐怕只有賢達之人才能做到這點。一般的民眾，假如沒有穩定的資產收入，便會心神動搖。一旦心神動搖，便會放縱、驕奢、奸詐、欺騙，無所不為。等人們真的犯了罪，國家便用嚴峻的刑罰加以懲罰，這其實等於是國家張網故意去引導民眾犯錯而後又逮捕他們。

名句的故事

孟子對齊宣王的「王道」課程，以分析當時的大勢爲始，以具體的實施細則爲終。

當其時，天下像齊國一樣方圓千里的共有九個國家，齊國只占其中的九分之一，想單靠一個國家的軍事力量去讓其餘八個國家臣服，自然是痴人說夢。正因爲此，所以孟子的遊說之辭：讓天下做官的人都在齊國朝廷有立足之地、讓天下種田的人都想在齊國的土地上耕種、讓四方的商人都想在齊國的城市裏做生意、讓旅行的人都想走在齊國的大道、讓天下痛恨自己國君的人都跑來向齊宣王訴苦……在極大的程度上讓齊宣王看到了希望，也造成了他心中對以「仁政」一統天下的嚮往。

至此，齊宣王已幾乎完全接受了孟子的遊說，因此便開始虛心地請教，希望孟子能將「仁政」該如何施行的方式一五一十告知他。眼見自己的「遊說」工作已具成效，孟子自然毫無保留地將自己的想法一一道出，而這其中最關鍵的一個前提便是：讓老百姓保有自己固定的財產。因爲人民沒有固定的財產，就不會有固定的道德追求，而沒有了道德追求，便會胡作非爲，造成社會的不安定。

「溫飽」，可以說是人類最基本的生存需求與權利，若連這種最基本的權利都喪失，要求道德未免太苛刻。我們都知道，孟子一向提倡「性善」，也就是認爲世上所有人本性都是純善的，但這其實只是一種理念。因爲若在生活都不得溫飽之時，還要求堅守個人的道德操守，不僅過於苛刻，也是一種不實際的幻想，所以在這一點上，孟老夫子還是看得相當透澈的。

歷久彌新說名句

孟子「有恒產才有恒心」的說法，雖然無法概括社會動蕩的所有原因，但卻足以說明某些確實存在的問題。《管子．牧民》篇中所提及的「倉廩實則知禮節，衣食足則知榮辱」之說，便與孟子的觀點相契合，皆是認爲若能先滿足百姓的溫飽問題，那麼許多社會問題也有可能迎刃而解。

古希臘時代的哲人亞里斯多德曾說過，中產階級不發達是政治不穩定的根源。因爲當中產階級弱小無力，並且組織很差時，國家就會分裂爲窮人和富人，由於二者是天然的敵人，所以在政治上往往會互相排斥，很難妥協，並由此導致社會的不穩定。並且他還發現，古希臘民主的發達與中產階級的崛起有很大關係。

姑且不論東西方政治體制的差異，但孟子與亞里斯多德至少在「財富的平均分配足以維持社會穩定」這點看法上是相類似的。

時至今日，孟子當年的觀點依然讓不少領導人深記在心。就像前新加坡總理李光耀先生，他在擔任新加坡總理之初，著實爲國民缺乏國民意識而苦惱不已。有一天，當他苦苦思索治國之道時，突然看見一個男人拚命地追趕一扇被颱風刮跑的門板。這個畫面讓李光耀先生突然間有所體悟：這個男人家的門板能被風刮走，顯然是個窮人，一個窮人爲了一扇門板都能如此拚命，假如他有更多的家產，那一定會爲維護這個國家而拚命。從此，李光耀明白自己的使命就是要讓每個新加坡人都積累起財富，都有一棟美好的房子，如此一來，國家方能走向安定。

除了用在治國之道上，孟子「有恒產才有恒心」的觀點也被不少人拿來做爲「高薪養廉」，也就是培養廉正官員的一個基本論點。因爲這些人認爲「高薪」可以「養廉」，只要能提供官員優裕的生活條件，必能讓官員們「不必」去犯某些罪惡。

當然，高薪是否眞能養廉，而多高的薪水才能養廉都讓人莫衷一是，但領導者在制訂國策計畫時，能不以自己的利益爲前提，而先由富國、富民的角度出發，絕對會是全民之福祉、治國之良策。

如知其非義，斯速已矣，何待來年

名句的誕生

孟子曰：「今有人日攘[1]其鄰之雞者，或告之曰：『是非君子之道。』曰：『請損[2]之，月攘一雞，以待來年，然後已。』如知其非義，斯速已矣，何待來年。」

～滕文公章句下

完全讀懂名句

1. 攘：侵占。
2. 損：減少。

語譯：

孟子說：「有一個小偷，每天都偷抓一隻鄰人養的雞，有人勸告他說：『這不是君子應該做的事情。』小偷便回答：『那先讓我減少好了，我改成每月只偷一隻雞，明年才完全不偷雞。』一個人如果知道自己的行為是不對的，就應該馬上改正，為什麼需要等到明年呢？」

名句的故事

長篇大論的說教，有時候不如一個短篇的寓言故事，更可以發揮說理的功效。戰國時代遊說之風盛行，國君如何消化、吸收這麼多策士的長篇大道呢？就是運用通俗易懂的寓言故事。我們不要以為孟子總是出口成章、非天地君親師不談，他可是一個說故事的高手！

當時宋國大夫戴盈之跟孟子談論治理國家的問題。孟子提出稅捐之於百姓的負擔，可能過重了些，戴盈之也認爲這是事實。他便對孟子表示：「要僅僅徵收十分之一的田賦，以及免去關卡和市場的稅捐，這兩項政策今年還不可能實行。這樣好了，今年先稍微減輕一些稅額，明年再來停止這些稅收。」

孟子是聰明人，馬上就聽出戴盈之只是在說場面話，想要敷衍他，他並沒有戳破對方的意圖，隨即很快地想了一個故事；有一個小偷，每天都偷抓一隻鄰人養的雞，有人勸告他說：「這不是君子應該做的事情。」小偷聽了之後覺得很有道理，但是沒有把握改掉這個毛病，便對朋友說：「那先讓我減少好了，我改成每月只偷一隻雞，明年才完全不偷雞。」朋友聽了知道他惡習難改，不禁嘆了口氣說：「如果已經知道這樣是不對的，就應該馬上改正，為什麼需要等到明年呢？」戴盈之聽完之後，知道孟子是在嘲諷他，不禁感到羞愧，很快地向孟子告辭了。

歷久彌新說名句

孟子的寓言故事生動幽默，聽起來荒唐，卻是我們人性的眞實寫照。後人便用「月攘一雞」，形容一個人沒有痛改前非的決心，寧可姑息自己的毛病。例如朱熹《朱子語類．卷十三》記載：「今人多是安於所不安。做些事，明知事不好，只說恁地也不妨，正所謂『月攘一雞，以待來年』者也。」世人的習慣就是明明知道有問題的事情，也會先安慰自己沒關係，等晚一點再改過來就好。

清人包世臣在〈復桂蘇州第二書〉中，談論漕運管理問題，特別是關於請託、賄賂等等行為的杜絕。他建議：「然而世臣在新喻辦漕，恪遵漕運則例，禁絕浮勒；此時為閣下謀，仍不外於浮勒，月攘一雞。論者必譏其不恕，然審時度勢，非此斷不能行。」浮勒就是濫收賦稅的意思。包世臣以為，要禁絕請託、賄賂，要先從漕政賦稅的減免開始做起，而且是「月攘一雞」慢慢地減少。由於「上行下效」的關係，政府既然敢收這麼多的稅捐，下面的人當然也敢開口要錢，所以要移風易俗，就要先從漕政的制度先改革起。

宋朝文人蘇轍在〈繳駁青苗法疏〉文中談及宋朝「熙寧變法」中「青苗法」的施行問題。

他說：「青苗之事，乃猶因舊稍加損益，欲行紾臂徐徐、月攘一雞之道。」原來，蘇轍認為宋神宗、王安石實施青苗法，只是先把舊制內容稍作修正後就實施，就好像「月攘一雞」的方式一樣，是不可能有效果的；因此他認為不如不要施行青苗法。可見，政府實行政策必須要審時度勢，避免「月攘一雞」的弊端，才不會有「如知其非義，斯速已矣，何待來年」的笑話出現。

最近新聞播出，為了防止詐騙集團繼續利用金融卡轉帳的手段，騙取錢財，因此規定即日起金融卡轉帳每戶每天限一萬元，這個消息一釋出，遭到不少反對的聲浪，因為這樣會妨礙到有人繳交上萬元以上的信用卡費。雖然這是政府對人民的美意，然而，民間的反應是：這樣的限制，只能讓歹徒由「日攘一雞」變成「月攘一雞」而已。正本清源之道應該是打擊罪犯、消弭詐騙才對啊！

聞誅一夫紂矣，未聞弒君也

名句的誕生

齊宣王問曰：「湯放[1]桀，武王伐紂，有諸？」

孟子對曰：「於傳有之。」

曰：「臣弒[2]其君可乎？」

曰：「賊[3]仁者謂之賊，賊義者謂之殘，殘賊之人謂之一夫[4]。聞誅一夫紂矣，未聞弒君也。」

～梁惠王章句下

完全讀懂名句

1. 放：放逐、流放。
2. 弒：殺。古代為了顯示「君」、「父」神聖不可侵犯的特殊尊嚴地位，特別制定「弒」字，專用於臣「殺」君、子「殺」父。
3. 賊：傷害、戕害。
4. 一夫：失掉人民同情的孤立者，荀子謂之「獨夫」。

語譯：

齊宣王問孟子：「商湯流放夏桀、周武王討伐商紂王，有這麼一回事嗎？」

孟子說：「歷史記載中，是有這回事。」

齊宣王說：「臣下殺他的君王，行嗎？」

孟子說：「賊害仁的叫做賊，賊害義的叫做殘。又害仁又害義的叫做獨夫。因此我只聽說周武王誅殺了一個叫紂的獨夫，而沒聽說他弒君。」

名句的故事

孟子這句「聞誅一夫紂矣，未聞弒君也」的千古名言，被許多人視爲傳統政治哲學中最精采的名句，不僅鏗鏘有力，也具有相當現代意義，甚至有人認爲已可與西方啟蒙時代英國哲人洛克的「籲天權」（即革命權）相媲美。

中國自古重視倫理觀念，講究「君君、臣臣、父父、子子」。君主具有無上的權威，因此自不可弒。但孟子卻認爲，失德失政之君已不再具備君王的資格，而只不過是一介凡夫俗子，正因此，他才會說出「君不可弒，獨夫可誅」這樣的話來。畢竟任何一個人都有捍衛自身生存的基本權利，因此面對暴政起而抗爭，甚至「革君王的命」都不算是「弒君」，而是一項正義之舉，具有相當的革命意識。

在孟子的觀念中，有道者可以討伐無道者，新聖王可以替天行道、弔民伐罪，就算用暴力的手段來奪取政權也未嘗不可。誰不行仁政，誰就該垮台；誰能行仁政，誰就可以稱王。而其實，孟子的這個觀點與《易傳》相類似，《易傳》中便曾說：「天地革而四時成。湯、武革命，順乎天而應乎人。」

不難想像，當齊宣王聽到孟子「殺一夫而非弒君」是順乎天命、應乎人事之舉的言論時，恐怕也是心中一涼，萬分地戒慎恐懼。

歷久彌新說名句

在講究「人倫」、輕忽「天理」的時代中，「弒君」絕對是一項「逆倫」之事，但當孟子說出「聞誅一夫紂矣，未聞弒君也」的話後，不僅敲響了爲政者的警鐘，也讓人了解到「天道」絕不助紂爲虐的眞正意涵。

中國自古有「史官」制度，因此在史書上也保留了不少的「弒君」之事，不過有趣的是，在史書之中，「人倫」還是重於「天理」，像孟子這類大膽、堅持己見的說法還是比較少見的；如著名的「趙盾弒君」，就算史官明知此君如何昏庸、暴虐，但最後終究是以「弒君」二字收場。

這個故事是這樣的：春秋晉靈公是個昏君，

而晉國正卿（宰相）趙盾是個正直的大臣，經常諫勸晉靈公。久而久之，晉靈公嫌趙盾礙手礙腳，便派刺客去暗殺趙盾。趙盾只得出走，不過在尚未逃出境外時，趙盾的族人趙穿便起兵殺了晉靈公。晉國太史董狐便在史書上寫道：「趙盾弒其君。」並且「示之於朝」。趙盾對董狐說：「我並未弒君。」董狐說：「你是正卿，逃亡沒有出境，國君被殺了，你回來後又未法辦弒君的人，當然就等於是你弒君了。」趙盾毫無辦法，只好嘆口氣，聽任董狐寫自己弒君了。

雖然今天我們多用「董狐筆」來形容剛正不阿之人，但若孟子在世，在得知晉靈公的「不仁」之後，必然會較迂腐不知變通的董狐來得開明，趙盾也不致於淪落至「弒君」的下場。

但這種問題本就見人見智，而究竟是孟子過於「通變」、董狐過於「不阿」，還是趙盾其實具有「胸懷」？現在，不妨換個角度去思考問題，不要侷限於既有的材料，這可是獨立思考的第一步。

悅賢不能舉，又不能養也，可謂悅賢乎

名句的誕生

曰：「繆公[1]之於子思[2]也，亟[3]問[4]，亟饋[5]鼎肉[6]。子思不悅[7]。於卒[8]也，摽[9]使者出諸大門之外，北面稽首[10]再拜而不受。曰：『今而後知君之犬馬畜伋[11]。』蓋自是臺[12]無饋也。悅賢不能舉[13]，又不能養也，可謂悅賢乎？」

～萬章章句下

完全讀懂名句

1. 繆公：名顯，魯繆公是魯國國君。
2. 子思：姓孔，名伋，字子思，孔子之孫，孟子之師。
3. 亟：音 jì，ㄐㄧˋ，屢次、每每。
4. 問：問候。
5. 饋：音 kuì，ㄎㄨㄟˋ，致贈、贈送。
6. 鼎肉：熟肉。
7. 悅：高興。
8. 卒：最後，末了。
9. 摽：音 biáo，ㄅㄧㄠ，揮之使離去。
10. 稽首：稽首，古代跪拜禮，行禮時兩手拱至地，頭至手，不觸及地。
11. 畜伋：飼養。
12. 臺：始。
13. 舉：用。

語譯：

孟子說：「魯繆公對於子思，多次問候，多次贈送肉食。子思很不高興。最後，把繆公派來的人趕出大門外，面朝北跪下磕頭，然後拱手拜了兩拜，拒絕接受禮物，說：『如今才知道君王是把我當犬馬一樣畜養的。』從此以後，繆公就沒再給子思送東西了。喜愛賢士，卻既不提拔任用他，又不能按恰當的方式供養他，能說是喜愛賢士嗎？」

名句的故事

萬章是孟子的學生，他很喜歡質疑究竟聖賢是不是眞的聖賢。曾問過孟子爲何舜娶妻未事先稟告父母？當處處想殺他的弟弟過世時，舜的眼淚是眞的還是假的？孔子怎麼可以住在小人宦官廱疽的家裡？

不過這一次沒有聖賢讓他質疑，他只是很困擾，「如果國君送他禮物，他到底該不該拿呢？」不知道是不是剛好有人送禮物給萬章。不過任何問題都難不倒孟老師，孟子回答說：「如果是周濟救急就可以拿，但如果是賞賜就不能取。」萬章不懂，孟子繼續解釋說：「守門打更的人都有一定的職務，因此靠國君供養，沒有一定的職務而接受上面的賞賜，這是不恭敬的。」

萬章又不放棄，問：「如果是救濟贈送，那麼可以常常拿嗎？」這時，孟子就舉出自己的老師子思的例子來說明，因爲剛好魯繆公就常常送肉食給子思。第一次，子思感激地接受了，並禮貌地道謝。第二次，還是行禮如儀。到了第三次，子思就不大高興，把使者趕出門。

爲什麼子思會不大高興呢？原因是他覺得魯繆公光是養他，卻不任用他、叫他做事，這種對待方式，就像在對待牛羊一樣，只是在飼養家畜，而不是當成人才在尊敬與使用。

不知道萬章心裡是不是很想收下禮物，因此他還是不放棄：「那麼國君想要供養君子，應該怎樣做才算是適宜的供養呢？」孟子就舉出堯對於舜的例子：「堯派自己的九個兒子去侍奉舜，把兩個女兒嫁給他，百官、牛羊、糧食都齊備，在田野中供養他，然後提拔他，讓他居於很高的職位。所以說，這是天子諸侯尊敬賢人的正確方法。」不過，要像堯對待舜一樣，這樣的禮物才能接受，恐怕沒幾個人可以得到。

歷久彌新說名句

「悅賢而不能舉」，輕則喪失一名人才，重則可能種下日後國破家亡的悲慘命運。戰國時著名的政治家商鞅年輕時在魏國宰相公孫痤門下當家臣。公叔痤夙知商鞅胸懷韜略，志向高遠，不是甘居人下之輩，日後必定大有作為。

一日，公孫痤向前來探視的魏惠王舉薦商鞅，可是魏惠王對商鞅一點都不感興趣。於是，公叔痤只好面色凝重地說：「如果您老確定不任用公孫鞅（商鞅的本名），就請把他殺掉吧，千萬不能讓他出我魏國之境，因為恐日後此人成為魏國大患。」魏惠王只是點點頭，隨即離去。

魏惠王一走，公孫痤又後悔了，急忙召見商鞅，叫他趕緊逃命。衛鞅聽完緣由，一副不以為然的樣子：「他都不能聽您的話任用我，又怎麼可能聽您的話殺了我呢？」果不其然，惠王一離開就身旁的侍臣說：「公叔痤病糊塗了，可悲啊，居然要我把國家大事託付給一個家臣公孫鞅，眞是太荒謬了！」後來公孫痤死後，魏惠王果然既不任用商鞅，也不殺他，就讓他懸置在那裡。

後來秦國的秦孝公上台，發佈求賢令。商鞅聽到消息，頭也不回地西奔而去。之後果然成為秦國的宰相，大展抱負，在很短的時間內就把秦國變成一個超級強國。而命運羅盤的指針終於指回魏國，魏國成為秦國覬覦的對象，商鞅率領大軍壓境，魏國一敗塗地，不得不割地求合。這時魏惠王才想起公叔痤的先見之明，而後悔當初「既不悅賢又不能舉」！

事半古之人，功必倍之

名句的誕生

孔子曰：「德之流行，速於置郵[1]而傳命。」當今之時，萬乘之國行仁政，民之悦之，猶解倒懸[2]也。故事半古之人，功必倍之，惟此時為然。

～公孫丑章句上

完全讀懂名句

1. 置郵：置和郵都是名詞，相當於後代的驛站，這裏指傳遞之意。
2. 倒懸：倒轉吊起，比喻困苦。

語譯：

孔子說：「道德的流行，比驛站傳遞政令還要迅速。」現在這個時候，若擁有一萬輛兵車的大國能施行仁政，那老百姓心中的開心，就如同倒吊的人被解救出來時一樣。所以，只做古人一半的事，便可以得到雙倍於古人的功績，也只有這個時候才行啊！

名句的故事

在孟子的時代，雖然群雄爭霸，但是其中最有潛力與實力的，莫過於齊國。

在夏、商、周三代的極盛時期，領土範圍都沒有超過千里，可當時齊國的領地卻早已不只千里，並且四境之內雞犬相聞、人口繁多、軍力強盛，不用擔心鄰國的入侵，也不必刻意去擴張領土。

正因爲此，所以孟子認爲此時的齊國已具備了稱霸天下的條件，只要能在國內施行仁政，將齊國百姓安和樂利、衣食無缺的情況讓人知曉，自然四方鄰國都會心悅誠服地前來歸順，根本不需再花費一兵一卒。所謂的「事半功倍」，就是若齊國施行「仁政」所能得到的最大功效。

就是看到了齊國的勢不可擋，也難怪孟子對那位有眾多小毛病的齊宣王寄予厚望，多次對他闡述行仁政的重要性與迫切性。畢竟在一個將成氣候，又孺子可教的君王身上下功夫，總比四處遊説眾多尚不成氣候又沒誠意的君主、「亂槍打鳥」的方式來得有效率。

由孟子的言語及行爲來看，重點培養齊宣王確實是他親身施行「事半功倍」的有效範例，在分析既有情勢、把握機會，以及精確對症下藥這幾點上，孟子可是一點不含糊。

歷久彌新説名句

自孟子説出「故事半古之人，功必倍之，惟此時爲然」之語後，「事半功倍」便成爲一個著名的成語，意指費力少而功效大，並被後人廣泛地運用著。例如《官場現形記》第二十四回：「倘若我找著這個姑子，託他經手，一定事半功倍。」歸根究柢，講的就是所謂的「效率問題」。

但其實要達成「事半功倍」還有一個重要的前提，那就是要具備觀察、分析情勢的清晰頭腦，如此一來才能把握住最好的出手時機，讓想達成的目標順利完成。

與「事半功倍」相反的恰恰便是「事倍功半」，也就是在費了更多的時間與精力後，但所收穫的結果還不如平常的一半。之所以如此，一方面自然是因爲沒有看清形勢，另一方面則由於辦事的方法錯誤，致使工作效率受到影響，西方俗諺：「get twice the result with half the effort」，也是表達同樣的意思。

在求學期間，「事半功倍」是相當重要的一件事，因此大家應該找出最適合自己的學習方式，以及最佳的學習時間點，如此一來，才能以最少的時間達成最高的讀書效率。

二者不可得兼，舍魚而取熊掌者也

名句的誕生

孟子曰：「魚，我所欲[1]也；熊掌，亦我所欲也。二者不可得兼[2]，舍[3]魚而取熊掌者也。生，亦我所欲也；義，亦我所欲也；二者不可得兼，舍生而取義者也。」

～告子章句上

完全讀懂名句

1. 欲：期望、希求。
2. 兼：同時、一起。
3. 舍：同捨，放棄。

語譯：

孟子說：「魚是我喜歡吃的，熊掌也是我喜歡吃的；如果不能兩樣都吃，我就捨棄魚而吃熊掌。生命是我想擁有的，正義也是我想擁有的；如果不能兩樣都擁有，我就捨棄生命而堅持正義。」

名句的故事

在本篇名句裏，孟子討論如何做選擇的問題。到底是生命比較重要？還是義理比較重要？喜歡講嚴肅大道理的孟子，卻常常能夠利用生動活潑的比喻，來傳達他的想法。這次他用的比喻是魚和熊掌這兩種食物。

他說：「魚是我喜歡吃的，熊掌也是我喜歡吃的；如果不能兩樣都吃，我就捨棄魚而吃熊掌。生命是我想擁有的，正義也是我想擁有的；如果不能兩樣都擁有，我就捨棄生命而堅持正義。」

不知道魚與熊掌是否眞是孟子最愛的食物，

也不知道爲什麼不能既吃魚又吃熊掌。總之「魚與熊掌」的抉擇，已經成爲歷史上最有名的難題。但是孟子的重點不是在於食物的選擇，孟子想強調的是「捨生取義」——正義比生命更重要的概念。他認爲不義之財、不義之食，是寧可餓死窮死，都不可以拿的。

歷久彌新說名句

人生的複雜就在於必須有所取捨、必須做選擇。不僅在中國有「魚與熊掌」的抉擇。在西方也有：「生命誠可貴，愛情價更高。若爲自由故，二者皆可拋。」

孟子主張要選擇熊掌放棄魚、要選擇仁義放棄生命，《禮記》裏面曾記載一個故事，不知道算不算是「捨生而取義」呢？

齊國遭到飢荒，黔敖準備了食物在路邊賑濟飢民。一個人飢餓不堪地走過來，黔敖連忙左手端飯，右手端湯衝那人喊道：「喂！過來吃！」那人瞪著眼睛對黔敖說：「我正因爲不吃嗟來之食才餓成這個樣子！」儘管黔敖再三向他道歉，那人仍然堅決不吃，直到餓死。

「捨生取義」是一種選擇，人每天都要面臨各式各樣的選擇、決定。不只人有選擇的困擾，動物也有。《伊索寓言》記載了關於一匹馬的選擇的故事。

從前，有個人趕著一匹馬和一頭驢子上路。路途中，驢子對馬說：「求求你，我快不行了，我快累壞了。如果你能幫我分擔一點東西，就能救我一命。」馬選擇拒絕。後來，驢子就精疲力竭而倒地、一命嗚呼。

於是，主人就把所有的貨物，包括那張驢子皮，都放在馬背上。這時，馬悲傷地說：「眞是悔不當初！早知道我就做另外一個選擇了。現在不但得馱上全部的貨物，還又多加了一張驢皮。」不只動物，很多人也常常自以爲是，自以爲做了最聰明的算計與選擇，結果卻是「聰明反被聰明誤」。

位卑而言高，罪也

名句的誕生

孟子曰：「仕[1]非為貧也，而有時乎為貧；娶妻非為養也，而有時乎為養。為貧者，辭[2]尊居卑，辭富居貧。辭尊居卑，辭富居貧，惡乎宜乎？抱關[3]擊柝[4]。孔子嘗為委吏[5]矣，曰：『會計當而已矣。』嘗為乘田[6]矣，曰：『牛羊茁壯長而已矣。』位卑而言高，罪也。立乎人之本朝[7]而道不行，恥也。」

～萬章章句下

完全讀懂名句

1. 仕：做官。
2. 辭：拒絕，辭卻。
3. 抱關：守門的小卒。
4. 擊柝：打更；柝，tuo，ㄊㄨㄛˋ，指打更用的梆子。
5. 委吏：管倉庫的小史。
6. 乘田：管苑囿的小吏，負責牲畜的飼養和放牧。
7. 本朝：朝廷。

語譯：

孟子說：「做官不是因為貧窮，但有時也是因為貧窮；娶妻不是為了孝養父母，但有時也是為了孝養父母。因為貧窮而做官的，便應該拒絕高官而做小官；拒絕高薪而只受薄祿。不做大官做小官，不要高薪要薄祿，做什麼比較合適呢？比如說做守門打更一類的小吏。孔子曾經做過管理倉庫的小吏，說道：『出入的帳目清楚了。』又曾經做過管理牲畜的小吏，說道：『牛羊都長得很壯實。』地位低下卻議論朝廷大事，這是罪過；身在朝廷做官而不能實現自己的抱負，這是恥辱。」

名句的故事

在一個官僚層級體制中，每個人有一個角色與位置，「不在其位，不謀其政」。守門打更的不能去打仗，打仗的不能去收稅，收稅的不能去看病，看病的不能去當皇帝。孔子非常嚴守這個份際，當他管理倉庫時，他每天會說的話就只是：「出入的帳目清楚了。」當他去照顧牲畜時，他就說：「牛羊都壯實了。」

孟子認爲，處於低下的位置，卻去發表上位者的言論（位卑而言高），是一種罪過。至於那些「位高而言卑」的人，身處於上面的重要位置，卻儘說一些不重要、不認眞的話，也就是孟子所說的，身在朝廷做官卻不能實現自己的抱負，孟子認爲，這也是一種罪過。身處高位的人，他的責任與影響力更爲重大，如果不能好好扮演、發揮自己的角色、任務，將使整個社會人民都受其牽累，因此是一更大的罪過。所以，孟子認爲如果身居高位卻未能抱持理想抱負，未能有所發揮，那麼最好就只當一個小官，影響力有限，危害也就不致於太大。

因此孟子才說：「因爲貧窮，而不是因爲抱負而做官的，便應該拒絕高官而做小官；拒絕高薪而只受薄祿。」現在，「位卑言高」已經變成一句常用的成語，謂在下位者而議論高官主管的政事，比喻超越本分而議論。

歷久彌新說名句

姑且不論「位卑而言高」是否是一道德上的罪，但可以肯定的是，在法律上，它確實是一眞實存在的罪。清朝乾隆時期，有一位官員叫做盧家元，他治官認眞，持身嚴謹，以「下濟蒼生」，讓百姓安居樂業爲施政的目標，因此甚得百姓愛戴與尊敬。他曾經被委派監督興修黃河防汛工程，不顧自己已六十六歲的高齡，多次帶領下屬實地勘察，認眞審定施工方案，親自深入築堤工地現場，督促工期進展和工程質量，全心全意地投入修堤防汛之中。經他監督修築的防洪大堤，不但品質優良，牢實堅固，而且還節省白銀幾萬兩。

盧家元爲官清正，先後三次向朝廷上萬言書，抨擊時政，怒斥貪腐，情詞激切，被朝廷以「位卑言高」之罪，革職並下貶到關外。後來因爲大學士朱王圭的力保，道光帝才下詔特赦盧家元「位卑言高」之罪，並晉升爲宜昌知府。

而宋朝的愛國大詩人陸游也曾說：「位卑未敢忘憂國。」如果「位卑言高」是不好的，但是至少相較於「位高而不知所云」，後者的責任與可能的罪過，是遠遠大於前者的。其實只要一個社會能夠每個人都扮演好自己的角色，不管位卑位高都能各言其言，如此一來，國家社會便能運作順利。

關於「在什麼位置，說什麼話」，有這樣一個故事。春秋時期的齊景公得了腎炎病，已經數十日臥床不起了。某天晚上，他突然夢見自己與兩個太陽搏鬥，結果敗下陣來，驚醒後嚇出一身冷汗。

第二天，晏子來拜見齊景公。齊景公將這個夢告訴晏子，並害怕地說道：「這是不是我要死了的先兆呢？」晏子想了想，就建議齊景公召一個占夢人進宮，聽聽他是如何解這個夢。

而占夢人進宮後的回答是：「您所患的腎病屬陰，而雙日屬陽，一陰當然難敵二陽，這個夢說明您的病很快就會好了。」齊景公聽完，大喜過望。由於擔心焦慮不再，加之合理用藥和改善飲食，不出數日，果然病就好了。

爲此，他決定重賞占夢人。可是占夢人卻對齊景公說：「這不是我的功勞，是晏子教我這樣說的。」齊景公又決定重賞晏子，而晏子則說：「我的話只有由占夢人來講，才有效果；如果是我直接來說，大王一定不肯相信。所以，這件事應該是占夢人的功勞，而不能記在我的名下。」

宰相就是宰相，占夢人就是占夢人。什麼角色說什麼台詞，一齣戲才能完成。

不挾長，不挾貴

名句的誕生

孟子曰：「不挾[1]長[2]，不挾貴[3]，不挾兄弟而友[4]。友也者，友其德[5]也，不可以有挾也。」

～萬章章句下

完全讀懂名句

1. 挾：倚仗。
2. 長：年紀大。
3. 貴：富貴。
4. 友：動詞，交朋友。
5. 德：品德。

語譯：

孟子説：「不倚仗自己年紀長，不倚仗自己的富貴地位，不倚仗兄弟的勢力去交朋友。所謂交友，交的是品德，是不能有所倚仗的。」

名句的故事

孟子的學生萬章向孟子請教：「如何交友？」孟子認爲交朋友是不分貴賤、不分年齡大小的，友要友其德，而不是友其財、色、權、利、勢。當時戰國時代是競逐於智謀的時代，每一位君主的周圍都有大批的謀臣策士，對於其中出類拔萃而又頗具個性的士人，各國君主不僅以交友之道相待，甚至執弟子之禮，敬如師長。孟子舉了一些實際的例子來說明，不同階級之間可能的交友型態。

孟獻子（魯國大夫仲孫蔑）是位擁有百輛車馬的大夫，他有五個朋友：樂正裘、牧仲，其他三人孟子忘了名字。獻子同這五個人交朋友時，並沒有擺出自己是大夫的姿態；這五個人也是一樣，不認爲獻子有什麼突出的地方，只把他當作是一般朋友看待。

不僅擁有百輛車馬的大夫是這樣，就算是小國的君主也有這樣的。費惠公就說：「我對於子思（子思是孔子之孫），把他尊爲老師；我對於顏般，則是和他交朋友；至於王順和長息，不過是侍奉我的人罷了。」

不僅小國的君主如此，大國的君主也有一樣的作爲和態度。喜歡音樂的晉平公貴爲一國之君，與亥唐相處時，亥唐叫他進去就進去，叫他坐就坐，叫他吃就吃，即使是糙米飯蔬菜湯，晉平公也都盡興吃飽。但是晉平公也就只是做到這一步而已。沒有人和他一起治理政事，也沒有人一起享受俸祿。這只是一般士人尊敬賢者的態度，而不是王公貴族對賢者的態度。

舜去見堯帝，堯帝把這位女婿安排住在官邸，並且請他吃飯，舜也會回請，兩人輪流當主人，這是天子同平民百姓交朋友的範例。孟子說：「地位低的尊敬地位高的，叫作尊敬貴人；地位高的尊敬地位低的人，叫作尊敬賢人。尊敬貴人和尊敬賢人，其中的道理是一樣的。」

當時，不同階級之前的人作朋友、互相往來的情況在戰國社會解體的時代非常普遍，因此，孟子認爲階級高的人要與階級低的人做朋友，必須放下姿態，把自己當成普通人；反之，階級低的人要與階級高的人作朋友，也必須不亢不卑，把對方當成普通人看待。交朋友交的是對方的心，而不是和對方的身份地位做朋友。

歷久彌新說名句

古語云：「以財交者，財盡則交絕；以色交者，華落而愛渝。」（《戰國策》）雖說人與人之間的關係，無論愛情與友情都需要有純潔的顏色，不可以摻雜金錢、地位等之類的雜質在內。但是金錢與權勢還是常常滲透、污染人心。莎士比亞所寫《雅典的泰門》，就是描寫金錢如何侵蝕人性與友誼的故事。

雅典的大財主泰門是一個純樸的人，他跟孟子一樣抱持著人性本善的信念，因此只要有朋友開口跟他借錢，他都二話不說，鼎力相助，結果他對待朋友的熱誠與善意，卻吸引來更多想利用他的人。那些接受他的好處的王公貴族們沒有一個人感謝他的幫助，反而反過頭來譏笑他是一個大傻瓜。

有一天，善心的錢財終於流失殆盡，泰門破產了，於是他想起他以前鼎力相助的朋友們，他去向那些貴族求助，但人人都對他關上大門，讓他孤獨無助地徘徊在門外。泰門怒不可遏，沒想到自己付出眞心與金錢的朋友，居然如此回報。

於是，他再度安排了一次宴會。邀請所有人來到家中，這次他只準備清水來款待這些人，並在宴會上痛斥他們的不仁不義。他的激烈作法並沒有引起大家的反省，他們反而認爲他這一次是眞的「瘋了」。

悲憤交加的泰門於是對人類徹底失望，躲進了森林中，不再與人群接觸。結果他居然在森林裡又意外發現了一堆金子，這個消息傳到人們耳朵裡，又燃起貪婪的慾望，紛紛跑到森林裡來找他，想騙取那些金子。結果徹底絕望的泰門終於氣得病倒，他最後埋葬於預先在海邊築好的墳墓裡，墓石上刻著他自己寫下的對人性之惡詛咒的碑文。

由此可見，人類情感與金錢之可怕，它可以污染人性之良善，破壞人與人之間的感情，莎士比亞寫道：「金錢可以使異教聯盟，同宗分裂，竊賊得到高爵顯位。」

人之所以異於禽獸者，幾希

名句的誕生

孟子曰：「人之所以異[1]於禽獸者幾希[2]！庶民[3]去之，君子存之。舜明於庶物[4]，察[5]於人倫[6]，由仁義行，非行仁義也。」

～離婁章句下

完全讀懂名句

1. 異：不同。
2. 幾希：少、一點點。
3. 庶民：平民、百姓。
4. 庶物：一般事物。
5. 察：明辨、了解。
6. 人倫：人類的倫常。

語譯：

孟子說：「人和禽獸的差異就那麼一點兒，一般的人拋棄它，君子卻保存了它。舜明白一般事物的道理，明察人倫關係，因此仁義能夠自然流露，而不只是執行仁義而已。」

名句的故事

人與動物的差別何在？孟子在兩千多年前提出了這個問題。

孟子說，人與飛禽走獸的差別也就那麼一點點，至於那一點點到底是什麼，孟子並沒有明講。他給了個謎題：「庶民去之，君子存之。」一般人往往容易忽視這一點，只有品德高尚的人才注意保存和發展這一點。什麼樣品德高尚的人呢？孟子提到了舜帝。

他說舜帝：「從一般事物的道理和人類的常情出發行仁義之道，而不是爲行仁義而行仁義，把仁義當成一種形式。」（「明於庶物，察於人倫，由仁義行」）換言之，人與禽獸之差別的謎題的答案，應該就是舜帝所遵循的仁義。舜帝不是創造了仁義，而是順著仁義行動。仁義是人與飛禽走獸的分水嶺。

俗語說：「人生在世，吃穿二字。」一般人只求「飽食、暖衣、逸居而無教」，若不能說是眞禽獸，也是近於禽獸。這裡的「教」指的是仁義的教養、學習，缺乏仁義的教養學習，就等於把人類的靈魂揚棄了，剩下一個沒有靈魂的軀殼，孟子認爲是與飛禽走獸沒有差異的，換言之，人與飛禽走獸的差別，孟子認爲是在於有無仁義的靈魂。

事實上，孟子也曾效法孔子周遊列國，四處推銷仁義治國。但是在孟子所處的戰國時期，各個國家追求的是富國強兵之道，孟子去了齊國，齊宣王對他說：「很抱歉，我的國家現在需要的是能夠幫我打勝仗的人。」到了梁國，梁惠王也對孟子說：「要我實行仁政？這可不是我現在想要的。」四處碰壁的孟子雖一心認爲仁義的高尚是無價之寶，奈何大家自甘墮落，因此孟子也只能拿飛禽走獸來比擬諷刺一番。

歷久彌新說名句

孟子說：「由仁義行，非行仁義也。」這句話頗費解。明代有一位官員叫王華。他六歲時，有一次在水塘邊嬉戲，見一醉漢洗完腳離去，丟失一個提兜。王華打開一看，裡邊裝有幾十兩銀子，他估計那人酒醒後一定會來找，於是坐在水邊守候，不一會，那人哭著找來，王華便將提兜還給了他。那人拿出一錠銀子表示感謝，王華說：「那麼多銀子我都不要，要這一錠幹嘛？」不知道王華這樣算不算是「由仁義行」，而醉漢是「行仁義」？

倘若做不到「由仁義行」，又做不到「行仁義」，「買仁義」似乎也行得通（雖然孟亞聖很可能會不以爲然）。《戰國策》就曾記載這麼一個「買仁義」的故事。戰國時齊國的孟嘗君好士，門下有食客數千人，其中有一個叫馮諼。馮諼就是那個很喜歡唱歌彈劍的人，有一天他唱到：「長鋏歸來乎，食無魚、出無車、無以爲家。」等歌，孟嘗君是有求必應的人，他聽到了歌聲，就馬上準備了魚、車和派人去照顧馮諼的母親。

有一天，孟嘗君詢問府裡的賓客：「有誰熟悉算帳理財，能夠替我到薛地去收債？」馮諼舉手說：「我能。」於是孟嘗君派馮諼去收債，辭行的時候，馮諼問道：「債款全部收齊，用它買些什麼東西回來呢？」孟嘗君回答說：「看我家裡缺少什麼東西，就買什麼吧。」馮諼趕著馬車到了薛城，派出官吏召集那些應當還債的百姓都來核對借約。借約核對完了，馮諼假傳孟嘗君的命令，把借款賜給百姓，燒掉借約，百姓齊聲歡呼萬歲。

馮諼又馬不停蹄的趕回齊國都城，一清早就要求進見孟嘗君。孟嘗君奇怪他回來這麼快，便穿戴好衣帽接見他，問道：「債款全收齊了嗎？怎麼回來的這麼快呀？」馮諼回答說：「收齊了。」孟嘗君又問：「用它買了些什麼回來呢？」馮諼說：「您說『家裡缺什麼就買什麼』，我考慮您府裡已經堆滿了珍寶，好狗好馬擠滿了牲口棚，堂下也站滿了美女。您府裡缺少的東西要算『義』了，因此我替您買了『義』。」孟嘗君問：「買義怎麼個買法？」馮諼說：「如今您只有一塊小小的薛地，卻不能撫育愛護那裡的百姓，反用商賈的手段向百姓取利息，我私自假傳您的命令把借約燒了，百姓齊聲歡呼萬歲，這就是我給您買的『義』啊。」孟嘗君聽了並不高興，但也無可奈何，就說：「那就買了罷！」

過了一年，齊泯王想要辭退孟嘗君：「我不敢用先王的臣子作爲自己的臣子。」孟嘗君只好回到封邑薛城去住。走到離薛城還有一百里的地方，百姓扶老攜幼，在大路上迎接孟嘗君，整整一天。孟嘗君回頭對馮諼說：「先生替我買的義，今天眞的看到了。」

這個「買仁義」的故事跟孟子的「由仁義行，非行仁義」的標準比起來，雖然層次低了一點，但是仍然讓我們瞭解到何謂「仁義」的力量。

焉有君子而可以貨取乎

名句的誕生

無處[1]而饋[2]之，是貨[3]之也。焉有君子而可以貨取乎？

～公孫丑章句下

完全讀懂名句

1. 無處：沒有出處，引申為沒有任何理由。
2. 饋：贈予。
3. 貨取：用金錢收買。貨，動詞，收買、賄賂。

語譯：

在沒有任何理由的情況下饋贈他人金錢，就等於是一種收買、賄賂。而這世上沒有一位君子是可以被金錢收買的。

名句的故事

孟子的弟子陳臻有回請教孟子：「老師啊，以前在齊國的時候，齊王送給您一百鎰金，您不接受；可是到宋國的時候，宋王送給您七十鎰您卻接受了；而到了薛地，薛君送給您五十鎰，您也接受了。我就不明白了，如果老師您以前的不接受是正確的，那後來的接受便應該是錯誤的；可如果後來的接受是正確的，那麼以前的不接受便該是錯誤的。無論怎麼說，老師您總有一次是做錯了吧？」

聽到陳臻的問題後，孟子笑了笑，說：「其實都是正確的。在宋國的時候，由於我準備遠行，而對遠行的人本應送些盤纏的，所以在宋王對我說：『這是給先生您當盤纏用的。』我怎好不接受呢？而在薛地的時候，我聽說路上有危險，需要戒備。因此薛君說：『這是送給先生買兵器的錢。』我又怎能不接受呢？至於在齊國，則沒有任何理由。在沒有任何理由的情況下饋贈他人金錢，就等於是一種收買、賄賂。而這世上沒有一位君子是可以被金錢收買的。」

在這個故事中，陳臻的推論看起來似乎很有道理，但實際上卻陷入了「非此即彼」的「二分法」侷限中。而孟子的回答雖聽起來近似於「詭變」，但卻具有一定的「通變性」，也就是在面對不同的情況，可以「因時制宜」地用不同的態度來因應。

在「通變」這點之上，孔子與孟子二位老夫子是一脈相承的。因爲在《論語．雍也》篇裏，當公西華被孔子派去出使齊國時，冉有想替公西華多要一些安家口糧，但孔子卻認爲公西華做大使後，有的是錢財口糧，所以並沒有多給他安家口糧。可是，當原思做孔子的總管而自己覺得俸祿太高時，孔子卻勸他不要推辭，並認爲那是他應得的。

歷久彌新說名句

君子與小人最大的差別，就在於君子能恪守最基本的原則，並且絕不會因被外力干擾而動搖。孟子「焉有君子而可以貨取乎」之語，講述的便是這個千古不變的道理。

其實自古至今，金錢對人的誘惑皆一直存在，否則也不會產生像「人爲財死，鳥爲食亡」、「衣食足而知榮辱」之類的話語。因此在面對誘惑時，「受與不受」、「辭與不辭」的問題便成爲考驗許多人的一道關卡。

人們常說「君子愛財，取之有道」，這便表示君子不見得一定要一窮二白，只是必須有所取、有所不取，因而此句話中所謂的「道」，指的也就是原則。只要能堅守最基本的原則，也就是孟子一直以來不斷重申的「義」與「利」之間的那條界限，那麼在面對「取與不取」、「仕與不仕」等問題上，都可以遊刃有餘。因爲當心裏已有一把正義之尺時，自會明白何時當受、何時當辭，不會有任何混淆。

有一副嘲弄湖北省黃梅某縣令「貪而鄙」的對聯，引用了孟子這句話以爲上聯：「焉有君子而可；譬諸小人而猶。」它的下聯則出自《論語・陽貨》篇中：「譬諸小人，其猶穿窬之盜也與？」意謂此官既可「貨取」又專做「穿窬之盜」之事，令人在會心一笑之餘，又跟著無奈地搖頭。

總而言之，無論在無人處世上，我們都要把握住一定的分際，千萬不要讓人有「貨取」自己的機會。

人有不爲也，而後可以有爲

名句的誕生

孟子曰：「人有不為[1]也，而後可以有為[2]。」

～離婁章句下

完全讀懂名句

1. 有不為：有所不做的事情，這裡指一些瑣碎的小事。
2. 有為：意即有所作為，就是偉大的行為。

語譯：

孟子說：「一個人如果能捨棄一些微不足道的事情，就有機會做出一番大事業。」

名句的故事

有不爲、有所爲，講的就是「取捨」之道。

事實上，「有所爲」可能是比較容易做到的事情，「有所不爲」可就很難做到了。尤其是利益當頭的時候，面對人性貪婪的一面，多少人能夠做出正確的抉擇呢？

因此，有不爲、有所爲，講的也是「節操」之道，特別是人在窮途末路的時候，都會感到備受考驗。因此，並不是捨棄一些小事，就一定能夠成就大事，還必須有堅強的操守與意志力。孟子便說：「有爲者，辟若掘井，掘井九仞，而不及泉，猶爲棄井也。」一個有爲的人就好像在挖掘井水一樣，已經挖到七呎丈這麼深，但是還沒有看到井水的源頭便放棄了，這口井仍然是一個無用的井呀。俗語說，成功往往屬於堅持到最後的人，就是這個意思。

歷久彌新說名句

陳壽祺，字恭甫，號左海，清朝福建閩縣人，歷官翰林院編修，曾經寫了一篇文章勉勵書院的學生。他認爲，讀書人要效法古人，首先注重禮義廉恥、敦厚謙讓，接著他舉例說明：「孟子曰：『人有不爲而後可以有爲。』除其不蠲，保其良貴，則光大高明。」（《皇朝經世文續編》卷四）讀書人要學孟子講的，有所不爲後，方能夠有所作爲，先除去自己不良的習性，保持自己良善高貴的部分，則做人即可光明正大。陳壽祺引用孟子之言，是從「節操」的觀點著手，以砥礪學子修身養性，成就大事業。

姚瑩是清代著名思想家，曾於嘉慶末年和道光初年擔任台灣縣令，在鴉片戰爭中可說是「抗英保台」的大功臣。姚瑩在用人方面有這樣的見解：「夫有雄材絕智，抱濟時之具者，此其人類斤斤於言行稱譽之間矣。有不爲乃可以有爲，釋其小乃可以見大。」（《皇朝經世文續編》卷十五）具有雄才大略、經世治國的人，通常在說話舉止、讚美毀譽之間，格外謹愼小心；這種人可以做到有所爲、有所不爲，對於小事不特別在意，因而得以見到大局。

蘇武代表漢朝出使匈奴時，察覺他的副使已經與匈奴暗通款曲，蘇武無論如何也不肯投降匈奴，因此一刀就要割頸自刎，卻受到單于的阻止。單于爲了迫使蘇武就範，故意讓他無法吃喝。沒想到剛好天降大雪，蘇武就吃毛毯充飢，喝雪水止渴，逼得單于把蘇武放逐到北海。單于並且告訴他，當公羊生出小羊時，他就可以回漢朝了。就這樣蘇武在北海牧羊了十九年後，才被接回大漢帝國。他爲維護國家尊嚴，實踐「人有不爲也，而後可以有爲」的氣節，堪稱是外交使節的表率。

其實，做人做事本來就是當「有所爲、有所不爲」，或者是說「有能爲、有不能爲」。畢竟想做的事情有可能超乎自己的能力，也有可能自己做得到的事情，卻不是眞正應該去做的。無論如何，我們都應該「量力而爲」，從眾人的利益出發，做眞正應該做的事情。

仁也者，人也

名句的誕生

孟子曰：「仁也者，人也[1]。合而言之，道也[2]。」

～盡心章句下

完全讀懂名句

1. 仁也者，仁也：根據朱熹的解釋，仁就是人之所以為人的道理。
2. 合而言之，道也：仁是道理，人是形體，兩者合起來，以人行仁，就是所謂的道。

語譯：

孟子說：「所謂的仁，就是人之所為人的道理，人與仁合起來，就是所謂的道。」

名句的故事

許多人認爲，「仁」概念乃是由由孔子所發明，實際上不然，在周朝初年時，便已經有了關於「仁」概念的記載，例如《詩經》中有「洵美且仁」與「其人美且仁」的文字，但發揚光大的仁則非孔子莫屬，在《論語》這部書裡，一共有一〇五次講到仁。

孟子也不只講過一次「仁也者，人也」，其實，在唐鈔本《論語》中「仁」「人」常常互用，原本意義便相通。同樣在〈盡心〉篇裡，他曾經更清楚闡釋過，「仁也者，仁也。義也者，宜也。禮者也，履也。智也者，知也。知也者，實也。合而言之者，道也。」也就是說，仁義禮智不過都是道的外在表現，眞正的內涵還是道。

也不單孟子如此說，《中庸》裡也有「仁者，人也」的說法，而儒家的中心思想就是「仁道」，而仁所關注的對象，包括了天下所有的人，也就是關注著天下所有人的共同利益，而且仁也不僅僅是講一個人的道德修養而已，其道理更而推而廣之到治國的道理，孟子因此將其上綱至「仁者無敵」的層次。

歷久彌新說名句

孟子這段話，將仁解釋爲做人的道理，說明著人生的道理不在遠處，而在近處，就在人們的日常生活與一舉一動中，人們不必「捨近求遠」。

所以，儒家主張知識份子從自身到他人到世界的修爲階段爲「修身、齊家、治國、平天下」，唯有先修身之後才能齊家，齊家之後才能治國、平天下，佛家也有類似的說法，天國可能就在當下，也說菩薩並不一定只在西方極樂世界，可能就是自己的父母。

佛教徒有些人感受不到佛、菩薩，感覺可能跟《聖經》中的約伯相同，「我往前行，祂不在那裡；往後退，也不能見祂。祂在左邊行事，我卻不能看見；在右邊隱藏，我也不能見祂。」

其實不然，因爲，證嚴法師便說過，「父母心就是菩薩心」，因此到處都可見菩薩，「子女一旦有病痛，苦在子身，痛在父母心；然而，父母生病了，孩子們若不來探望，縱使老人家覺得很孤單，也會體諒子女爲生活而辛苦。」「父母是孩子的模，自己對父母的態度，就是下一代對自己的態度。爲善要及時，孝順不能等。」

孟子100 王者之道

率獸而食人也

名句的誕生

庖[1]有肥肉，廄[2]有肥馬，民有飢色，野有餓莩。此率獸而食人也！獸相食，且人惡之[3]；為民父母[4]行政，不免於率獸而食人，惡[5]在其為民父母也？

～梁惠王章句上

完全讀懂名句

1. 庖：廚房。
2. 廄：馬欄、馬房。
3. 且人惡之：倒裝句，應為「人且惡之」。且，尚且。
4. 父母：儒家通常把統治百姓的君主或官吏稱作「民之父母」。
5. 惡：疑問副詞，何、怎麼。

語譯：

廚房裏存有肥嫩的肉，馬房裏養有健壯的馬，可是老百姓卻各個面帶飢色，甚至城外還躺著餓死的屍體，這樣的情況就等於在上位者率領野獸來吃百姓啊！野獸自相殘殺，人們尚且會厭惡這種行為，而作為老百姓的父母官，所施行的措施卻導致如同帶領野獸來殘害百姓的後果，這樣的人，怎有資格做老百姓的父母官呢？

名句的故事

最早之時，孟子都是苦口婆心、旁徵博引地用各種方式來勸誡梁惠王，希望梁惠王能聽進並採納自己的意見，以仁道治天下。而在經過多次的會面及相互討論之後，梁惠王終於有些醒悟，不再保持原本高高在上的傲慢態度，而是主動向孟子請益。

「庖有肥肉，廄有肥馬，民有飢色，野有餓莩，此率獸而食人也」之語，便是孟子在得到梁惠王釋出的善意後，以鮮明的比喻、生動的形象，毫不保留地講述出自己的看法，言明眞正好的上位者及執政者，什麼事該做、什麼事不該做。

在孟子的觀點中，讓百姓能安居樂業、衣食無缺是在上位者的基本職責，若是上位者自己過著錦衣玉食的生活，可是卻讓百姓們挨餓受凍、暴屍街頭，這種行爲，就如同是直接率領野獸來吃人一般的惡劣、不可取。

孟子一向擅長使用最簡單的比喻、最淺顯的文字來闡述自己的觀點，這裏也不例外。並且，這回他還提出了一個千古課題，也就是身爲人民「父母官」所該具備的操守。由古至今，無論是「人治」社會還是「法治」社會，都會面臨相同的難題，也就是如何才能讓所謂的「父母官」能有「人飢己飢、人溺己溺」的胸懷。

若孔子在世，面對學生對他提出這種問題，恐怕又會再一次發出「大哉問」的感嘆了。

歷久彌新說名句

自孟子發出「庖有肥肉，廄有肥馬，民有飢色，野有餓莩」的感慨後，儘管後世不常直接引用原文，但與孟子原意類似的名句卻相當多，而其中最有名的便是杜甫〈自京赴奉先詠懷五百字〉詩中的「朱門酒肉臭，路有凍死骨」。

幾個簡單的字詞，卻可以如此深刻地將中國古代社會中統治階級的狂歡奢靡、自私淡漠，以及平民百姓艱難困苦表達得淋漓盡致，並且觸目驚心。爲文者的目的自然是爲了讓後世的統治者及爲官者有所借鑑，不要重蹈覆轍、陷百姓於水火之中，具有極其重要的歷史及社會意義。

正由於孟子將這類只顧個人享受、沒有愛民之心的君主形容成「率獸食人」的始作俑者，給予嚴厲的批判，因此到了後世，「率獸食人」也成為一個成語，專指害民的虐政。

然而，經過了時間的洗禮，「食人」的已不僅僅是虐政，孔、孟所提倡的「仁義道德」也成為魯迅先生口中的「吃人」禮教。在魯迅先生的短篇小說《狂人日記》中，便以相當驚心動魄的筆法講述一則關於「禮教吃人」的故事：「凡事總須研究，才會明白。古來時常吃人，我也還記得，可是不甚清楚。我翻開歷史一查，這歷史沒有年代，歪歪斜斜的每頁上都寫著『仁義道德』幾個字。我橫豎睡不著，仔細看了半夜，才從字縫裏看出字來，滿本都寫著兩個字是『吃人』！」

不過必須理清的是，魯迅先生在這裏批判的並非是「仁義道德」本身，而是唾棄那些僵化的禮教，以及因僵化禮教產生的弊病對人性的桎梏與斲傷。

養生喪死無憾，王道之始了

名句的誕生

不違農時，穀不可勝食也[1]；數罟[2]不入洿池[3]，魚鱉不可勝食也；斧斤以時入山林，材木不可勝用也；穀與魚鱉不可勝食，材木不可勝用，是使民養生喪死無憾也。養生喪死無憾，王道之始了。

～梁惠王章句上

完全讀懂名句

1. 勝：盡、全部、完全。
2. 數罟：編織細密的網，用來捕取小魚。古時規定，網罟必需用四寸之目，如果網上來的魚不足一尺，街市不可以賣，人們也不能食用。
3. 洿：窊下之地，水所聚集的地方，現指水池。

語譯：

不在農忙的時候多方調用、勞動百姓，糧食就吃不完；不讓過於細密的魚網進入水中，魚鱉就吃不完。斧頭按照一定的季節才允許進入山林，柴木就用不完。糧食與魚鱉吃不完、薪柴用不完，這樣就可以使老百姓供養活著的人、喪葬死去的人時心無遺憾。讓百姓可以無後顧之憂地供養活人、喪葬死人，便是王道得以行使的開端。

名句的故事

「養生喪死無憾，王道之始」，依然是孟子在對梁惠王講述上位者該如何治理天下時的一個論述，但要注意的是，這一句話中有一個相當重要的關鍵詞，那就是「王道」二字。

所謂的「王道」，便是以仁義治天下的政治思想，也是孟子思想中最爲重要的主軸。孟子認爲，只有用仁義治天下，四方百姓才能對上位者心悅誠服。而「王道」之始，則是令百姓在養生送死之事上無後顧之憂。自然，孟子的這個「仁」是承襲孔子的「仁」而來，但在具體的施行條例上則闡述的更爲明晰。

在孟子的理想中，每家農家有百畝的田、五畝的宅，宅邊種著桑樹，家中養著雞、狗、豬等家畜，吃得飽，穿得暖，五十歲以上的有絲織品穿，七十歲以上的有肉吃，就是遇到災荒，也可以避免死亡。如果在上位者能做到這一點，也就可以行「王道」了。

顯而易見，「王道」一詞是與「霸道」相對的，而孔子與孟子之所以會提出「王道」之說，自然是由於看到當時許多在上位者使用「霸權」來統治社會，看到了「霸道」對百姓的戕害，在憂心之餘提出的相抗衡之說。春秋戰國時期，群雄的爭霸使得百姓民不聊生，爲了讓百姓能安居樂業、脫離戰爭的陰影，因此儒家學者們盡其所能地用以「仁」爲主體的「王道」學說來勸戒上位者，希望上位者能以百姓的福祉爲依歸，樂百姓之樂、哀百姓之哀。

儘管孟子所提出的「王道」已具有當今「民本思想」的雛形，但在本質上仍有一定的差異，不過在那個年代，能具有如此先進的思想已屬不易。

歷久彌新說名句

「王道」二字，最早在《書經．洪範》中便曾出現：「無偏無黨，王道蕩蕩。」南朝梁．劉勰《文心雕龍．史傳》中也曾提及：「昔者夫子閔王道之缺，傷斯文之墜，靜居以歎鳳，臨衢而泣麟。」在古籍之中，「王道」多被當作政治思想的終極目標，也就是在上位者治理天下的一個準則。但到了今天，「王道」雖然還保留原來的意義，但卻也擁有另一個完全不同的闡釋。

比如說我們經常可以看到在正式或非正式的場合，人們將「王道」引申爲「最恰如其份者」、「最名實相副者」、「最適當之行爲」等意。例如「某某音樂才是搖滾樂的王道」、「某某人才是偵探小說的王道」、「節約才是王道」、「推陳出新才是王道」、「明媚春光之際，出去走走才是王道」……之類的句子。

在上述例子中所提的「王道」，雖然和最早與政治思想相關的「王道」二字有不同的解釋，但卻體現出一種生動、活潑的文字趣味，並且也從側面說明了，同一個字詞在不同年代、不同的社會環境中，會因需要或是約定俗成，而發生令人意想不到的轉變。

但下回，在使用「王道」二字時，大家至少還是得知道「王道」的正解，以及它的最早來由及出處。

以五十步笑百步

名句的誕生

填然[1]鼓[2]之，兵刃既接[3]，棄甲曳[4]兵而走。或百步而後止，或五十步而後止。以五十步笑百步，則何如？

～梁惠王章句上

完全讀懂名句

1. 填然：填塞、充滿，形容鼓聲盛大。
2. 鼓：此處作動詞用，謂擊鼓進軍。
3. 接：接觸。
4. 曳：拖著、拽著。

語譯：

戰場上擊戰鼓要求進攻，可才與敵軍接觸，士兵們就紛紛扔掉鎧甲，拖著武器倉惶失措地開始逃跑，有的人跑了百步後停了下來，有的人則跑了五十步就停下來。若這時，跑五十步的笑話跑百步的，算是怎麼樣的一個情形呢？

名句的故事

「五十步笑百步」這個極爲知名的典故，其實最早始自孟子，緣自於孟子所講述的一則寓言故事。藉由這則故事，孟子勸誡好戰的梁惠王在治國時應以仁義爲本，並懂得休養生息之道，而不是動不動就調動百姓四處征戰。

當其時，梁惠王一直自認自己在治理國家時，已經盡了他的最大努力。因爲一當河內發生饑荒，他便立即將老百姓轉移到河東、並且還把河東的糧食運到河內；在河東發生災荒時，也是同樣這麼做。只是這麼做之後，梁惠王卻發現鄰國的老百姓一點也不見減少，而他自己的老百姓也沒見增多，對此，他不禁心生疑惑，求教於孟子。

而孟子在解答這個問題時，巧妙地利用了梁惠王好戰的個性，特意以戰爭來做爲比喻，表明人們看事物應當看到事物的本質與全局，不能只看表面和局部，就像故事中跑五十步者沒有跑百步者逃得遠，但卻同樣都是畏戰而逃。

事實上，孟子不僅藉著這則故事爲梁惠王解惑，並且也暗諷好戰的梁惠王一把。因爲雖然鄰國的國君們不管災荒年間老百姓的生活，鄰國百姓們卻一個也沒有投奔至梁惠王處，而這全因梁惠王自己也經常調動百姓去打仗，致使民不聊生，與其他國君相較起來，同樣是不愛護百姓的國君，沒有什麼本質上的差異。

歷久彌新說名句

自孟子「五十步笑百步」的寓言故事一出，歷朝歷代人們多用爲諷喻他人甚或自省的箴言，例如南朝梁．釋僧祐的《弘明集．何承天答宗居士書》中，便直接套用了這個名句：「豈獨愛欲未除，宿緣是畏，唯見其有，豈復是過，以此嗤齊侯，猶五十步笑百步耳。」藉此來砥礪自己不要與他人犯相同的過錯。

其實，「五十步笑百步」與閩南俗諺中的「龜笑鱉無尾」有異曲同工之妙，都是用來諷刺只看得到別人所犯錯誤，卻對自己所犯錯誤視而不見的人。在英語之中也有個類似的諺語：「pot calling the kettle black」（鍋嫌壺黑），也是相同的意思。

在現今社會中，這兩句話的使用頻率相當高，在報章雜誌中，我們經常可以看到「五十步笑百步：你憑什麼罵某某某？」或是像「七連勝二連敗皇馬立正，五十步笑百步巴薩稍息」之類的標題；而在私底下聊天時，也常常可以聽到「五十步笑百步」、「龜笑鱉無尾」之類的字眼頻頻出現。

但如老一輩的人常說：「當你用一根手指指著別人時，有四根手指指著自己！」所以趕緊想想看自己是否犯過「五十步笑百步」的錯誤，若有，當然是要立刻「知錯必改」。

勞心者治人，勞力者治於人

名句的誕生

孟子曰：「勞心者治人，勞力者治於人[1]；治於人者食人[2]，治人者食於人[3]：天下之通義也。」

～滕文公章句上

完全讀懂名句

1. 治於人：被人管理。
2. 食人：音si，ㄙˋ，拿食物給別人吃，供養他人。
3. 食於人：被他人供養衣食。

語譯：

孟子說：「用心思做事的人管理別人，用力氣做事的被人管理；被人治理的人負責供養他人食物，管理者則是被他人供養食物，這是天下共通的道理呀！」

名句的故事

滕文公當上滕國的君王之後，果眞很受到孟子的鼓勵，實行仁政。楚國熱衷神農之學的許行，以及宋國儒者陳良的學生陳相，和他的弟弟陳辛，先後都慕名移居到滕國，他們都想要做聖人的百姓。陳相後來認識了許行，對於許行以農立國的主張非常佩服，後來拜訪孟子時，便推崇許行的言論。陳相說：「滕文公雖然是賢君，但還不是聖人，眞正的聖人要和百姓一起耕作、一面早晚燒飯，一面治理國事。」

孟子聽了之後反問陳相一連串問題：許行衣服的布是自己織的嗎？他戴的帽子的布是自己織的嗎？他用的鍋子、鐵器都是自己做的嗎？

陳相告訴孟子，許行都是用他自己耕種的糧食去換來布、鍋子跟鐵器。孟子便提醒他，既然許行也只是用糧食去換取其他生活必需品，爲什麼君王要一面耕種一面治理國家政務呢？

孟子接著就用社會分工的理論告訴陳相：「勞心者治人，勞力者治於人；治於人者食人，治人者食於人。」一個人身上所需要的各種物品，是需要靠不同技能的人，才有辦法備齊；因此，天下的事情原本就是有區隔的，在上位者的任務是處理政事，在下位者的任務可能是耕種，也可能是製作器具。

因此，儒家是把社會大略地區隔爲勞心者與勞力者，使大家知其所司、務其所職，造就一個和諧的社會秩序。

歷久彌新說名句

唐宋八大家之一的韓愈，是一個擅用語言的文學健將，他在〈圬者王承福傳〉中，把孟子的話改了一個字，變成「用力者使於人，用心者使人」，兩者意思相通。用力氣工作的人聽從別人的指揮而工作，耗費的是體力；用頭腦去工作的人是要指揮別人如何工作，必須具備一定的智慧，耗費的是腦力。在儒家的社會秩序中，勞心者與勞力者是相輔相成的。

在中國的皇帝百官制度中，皇帝是最大的「勞心者」，之下有朝廷百官、佈及縣鄉里的官吏，這些人都是具備「治理別人」的條件。秦朝李斯曾經說過：「百姓當家則力農工。」（《史記・秦始皇本紀第六》），百姓就是「勞力者」，在社會分工中是被「勞心者」統治管理，「勞力者」也是經濟上的提供者。

有一個故事可以跟大家分享。當年美國總統林肯就職的時候，有位記者訪問林肯的母親，是否爲當總統的兒子驕傲。這位母親回答說，她同樣爲另一個正在農場工作的兒子感到驕傲；事實上，美國每年四月二十二日是「帶孩子上班日」，讓所有父母培養孩子們對於職業的興趣。中國長期對於「勞心者」與「勞力者」的區隔，在現代社會講求專業技術的潮流下，令人深有啓悟。

以大事小者，樂天者也

名句的誕生

惟仁者為能以大事小，是故湯事葛[1]，文王事昆夷[2]；惟智者為能以小事大，故大王事獯鬻[3]，句踐事吳[4]。以大事小者，樂天者也；以小事大者，畏天者也。樂天者保天下，畏天者保其國。

～梁惠王章句下

完全讀懂名句

1. 湯事葛：湯，商湯，商國國君；葛，葛伯，葛國國君。葛國是商緊近的小國，故城在今河南省寧陵北十五里處。
2. 文王事昆夷：文王，周文王；昆夷，也作「混夷」，周朝初年的西戎國名。
3. 太王事獯鬻：太王，周文王的祖父，即古公亶父。獯鬻又稱「獫狁」，當時北方的少數民族。
4. 勾踐：春秋時越國國君；吳：指春秋時吳國國君夫差。

語譯：

只有具備仁德者才能夠以大國的身分侍奉小國，就像商湯侍奉葛國，周文王侍奉昆夷。只有具備智慧者才能夠以小國的身分侍奉大國，就像周太王侍奉獯鬻，越王勾踐侍奉吳王夫差。以大國身分侍奉小國的，是樂知天命的人；以小國身分侍奉大國的，是敬畏天命的人。樂知天命的人得能安天下，敬畏天命的人只能保己國。

名句的故事

在多次與孟子討論治國安天下的基本綱要後，齊宣王這回提出了一個重要的外交問題，「交鄰國有道乎」，也就是問孟子如何才能與鄰國和睦相處。

齊宣王所處的戰國時代，當國與國之間發生問題與嫌隙時，幾乎都是用「戰爭」手段來解決。身處戰火氛圍中的齊宣王雖然同意孟子的以「仁」爲本的政策可以處理內政問題，但終究還是不免懷疑這套「仁政」是否能解決兩國爭端的棘手問題。

身經百戰的孟子在面對齊宣王的提問之後，自然有他的一套解決之道，而這個辦法便是以史爲鑑，舉出商湯、周文王以及勾踐的例子，來印證自己的說法：大國要仁，要以仁德之心對待小國，千萬不要用軍國和霸權主義來解決問題，因爲雖然可能一時奏效，但卻不是長遠之計。小國要智，要懂得自身的弱項所在，不要螳臂擋車、固步自封，如此一來才能和大國和平相處，也才能讓國家長治久安。

除此之外，孟子還提出了「天命」大問題。孔子曾說過：「五十知天命。」此處的「天命」與孟子所提及的「天命」大致意義相同，也就是明白天道運行的道理，因此聖人們不執著、不強求，以順應天命爲立身處世之道。

正由於商湯、文王等君主們皆知天命，皆擁有「大仁大勇」的智慧，因此不會以自身的利益爲出發點，而忽視最根本的道理。據此，孟子才會說出只要大國們的國君以行「天命」爲樂，願意順應「上天有好生之德」的眞諦，而小國的國君們能敬畏「天命」，願意服從大小之別、強弱之分，不硬與大國爲敵，自然全天下的百姓都不會陷於戰爭的水深火熱之中，所有的國家都能保持穩定。

孟子在這裏所闡述的「天命」說雖看起來有些深奧，甚或形而上，但他指出的幾個關於大國與小國間該如何和平共處的說法，在今天仍具有一定的參考價值。

歷久彌新說名句

當我們在提及孟子所說的「樂天」與「畏天」之時，首先必須明白的是，這裏所說的「天」並不是意指單純的「上天」、「老天爺」，而是指「天人合一」思想中的「天」，簡單來說就是指「天道」、「天命」。因而「樂天」應是指順應自然之理，安於處境，樂觀而不憂傷，而非是指討老天爺歡心之意；「畏天」則是因「敬畏天理」所以「不逆天道」，並不是害怕老天爺降災之意。

其實最早「樂天」這個詞語出《易經．繫辭上》：「樂天知命故不憂。」並且之後的文人們也多延用「樂天」之說，例如唐代陳子昂的《無端帖》中的：「道既不行，復不能知命樂天，又不能深隱於山藪，乃亦時出於人間。」而唐代著名詩人白居易，則更是將「樂天」做為其字。到了現代，我們還將抱持樂觀態度，認爲凡事均有完善結果的人稱爲「樂天派」。

而「畏天」之說，也被後世多所採用，例如《後漢書．卷十七．馮異傳》：「彼皆畏天知命，睹存亡之符，見廢興之事，故能成功於一時，垂業於萬世也。」以及《晉書．卷一．宣帝紀》：「權之稱臣，天人之意也。虞、夏、殷、周不以謙讓者，畏天知命也。」

不過有趣的是，孟子所提出這種儒家式的「樂天」、「畏天」之說，卻在今天被一些教徒「轉嫁」做爲「孟子信神」的證明，他們將「天」解釋爲「神」，將「樂天」解作「使神喜悅」，將「畏天」解作「神發怒降罰」或「不庇護」的意思。

其實，孟子究竟信不信「神」我們無從得知，但一樣的字詞可以因解譯者的不同而產生不同的意涵，確實是讓人對中國文字的「可變通性」與「多解釋性」刮目相看。

雖有智慧，不如乘勢

名句的誕生

齊人有言[1]曰：「雖有智慧，不如乘勢；雖有鎡基[2]，不如待時。」今時則易然也：夏后、殷、周之盛，地[3]未有過千里者也，而齊有其也矣：雞鳴狗吠[4]相聞，而達乎四境，而齊有其民矣。地不改辟[5]矣，民不改聚矣，行仁政而王，莫之能禦[6]也。

～公孫丑章句上

完全讀懂名句

1. 齊人有言：齊國民間有句流傳的諺語。
2. 鎡基：田器、農具，相當於今天的鋤頭之類。
3. 地：指天子直接統治的地方。
4. 雞鳴狗吠相聞：意指人口繁密。
5. 改辟：改，變更；辟，擴展。
6. 禦：阻擋、阻止。

語譯：

齊國人流傳著一句諺語：「即使有智慧，不如趁勢而起；即使有好農具，耕種也要趁農時。」而現在的時勢，就相當有利於用王道來統一天下：夏、商、周三代興盛之時，也沒有哪一國的國土有超過方圓千里，但現在的齊國卻超過了；四境之內雞鳴狗叫聲處處可聞，表示齊國的人口已相當繁多。國土不需要另行開闢，百姓不需要重新凝聚，這時如果施行仁政來統一天下，沒有任何人能夠阻擋。

名句的故事

孟子有一個弟子名喚公孫丑，齊國人。有一

回，公孫丑問孟子：「要是先生您在齊國爲官，那麼能做到像管仲、晏嬰曾做過的功蹟嗎？」

孟子聽了公孫丑的話後，先是開玩笑似地說道：「你果然是個齊國人啊，就知道管仲與晏嬰，不知有其他人了。」而後，孟子舉了曾參的孫子曾西的一個例子，表示連曾西都不願與得到國君百般信賴、輔政時間那樣長，卻功業那樣小的管仲相比較，自己自然也不願與之相提並論。

這時公孫丑又問孟子：「難道使自己輔佐的君王稱霸天下的管仲，以及使自己的君王顯名於眾諸侯的晏嬰都不值得先生您仿效嗎？」孟子對此的回答則是：「齊國早擁有稱霸天下的力量，只是時間的早晚問題，任何人輔政都是一樣的。」

作爲「王道」的推崇者，孟子不屑與主「霸道」的管仲、晏嬰相比，自然有他的道理存在。而從隨後孟子舉出周文王行「仁政」，卻無法一統天下，商紂王行暴政，卻許久之後才被推翻，從這些例子不難看出，孟子的言下之意是，任何事都有個天時、地利、人和的問題。管仲能成就功業，是因齊國早具備成就霸業的條件，而文王終其一生未能一統天下、紂王遲遲才被推翻，也全是因爲「萬事俱備，只欠東風」。

所謂的「乘勢、待時」，其實講究的便是「鴨子滑水」那水面下的功夫，表達的則是一種「事半功倍」的思想。人們不常說「趕得早不如趕得巧，算得精不如運氣好」，強調的便是在做好準備之時，善待時機，以及捕捉時機的重要性。

歷久彌新說名句

孟子所說的「乘勢待時」其實就是要人懂得等待機會，並且把握機會。在古今中外持此看法的人並不少見，例如《韓非子．八說》中便提及：「以智士之計，處乘勢之資，而爲其私急，則君必欺焉。」《文選．鍾會．檄蜀文》中也說：「今邊境又清，方內無事，蓄力待時，併兵一向。」而著名的科學家、諾貝爾化學獎得主居禮夫人更是坦白地說道：「弱者坐待良機，強者製造時機。」

由這些例子中不難看出，眾家學者的言下之意都是要人抓住時機、主動出擊，但我們必須注意的一點是，其實在捉緊時機出擊前還有一個必要的前提，那就是要同時具備足夠的智慧，以及足夠的積澱，因爲就像那句西洋諺語一樣，「If you prepare yourself, you will be able to grasp opportunity for broader experience when it appears」。機會永遠是留給準備好的人。

人們常說「時勢造英雄」，並認爲在動蕩的年代中特別容易出現英雄，這話雖然有一定的道理，但其實這並非絕對。因爲若不好好充實自己，而僅以投機的心態去面對，機會有時反而也會變得不再是機會。只有正確地分析各種情況，捉準時機、做出判斷，才有可能得到事半功倍的效果。

任何人都想「事半功倍」，但有時投機取巧並沒有辦法達到「事半功倍」的目的，甚至還會造成反效果，對於這種例子，我們一定要引以爲鑑。

欲爲君，盡君道；欲爲臣，盡臣道

名句的誕生

孟子曰：「規矩，方圓之至[1]也；聖人，人倫之至也。欲為君，盡君道；欲為臣，盡臣道，二者皆法[2]堯、舜而已矣。」

～離婁章句上

完全讀懂名句

1. 至：極、甚。
2. 法：效法。

語譯：

孟子說：「圓規和尺，是圓形和方形的最完美表現；聖人，是人倫的最完美典範。要成為君王，應該善盡君王的道理；要為人臣子，就要善盡人臣的道理；這兩種為君為臣的道理，都是效法堯舜罷了。」

名句的故事

孟子在這句名言中，強調對君臣制度的實踐，這個制度係指堯舜流傳下來的典範，簡言之，也是公天下時期的君臣之道。君道與臣道的重要性，我們可以透過《易經》的記載來了解。《易經．繫辭》記載，君道爲「陽」、小人之道爲「陰」，陰陽之數就是君臣之辨，如果占卜時，得到相反的卦象，就是違反君道，會招致災禍。

違反君道會招致災禍，這在先秦儒家思想中是很重要的一環，因此孔孟對於君道、臣道之各司其職，各盡其守的道理，向來很堅持。因此古代所謂的「天子教育」，目的就是要教導皇帝如何去「盡君道」，而歷朝的選舉制度、宰相制度、監察制度、史官制度等等，這些制度的目的即是規範人臣如何去「盡臣道」。

所以，本章說的是君臣之道，進而言之，就是立國的政治制度。孟子以堯、舜的行爲作爲勉勵政治人物的標準，正是希望君臣們都能回復到堯舜時代「無私無我」的理想。

歷久彌新說名句

話說金廢帝海陵王其爲人足智多謀、善巧詐、多猜忌，荒淫且殘忍。他之所以成爲皇帝，乃是因爲他「欲爲君則弒其君」，弒殺金熙宗後篡位。登基之後他不僅沒有「盡君道」，而且「欲奪人之妻則使之殺其夫」，讓婦姑姊妹都成爲他的後宮嬪妃。因此史官評鑑說，天下最爲無道的君主就是海陵王（《金史・海陵王本紀》）。

《愼子》相傳是戰國時期趙國人氏愼到所寫，爲法家的作品之一，其中有一〈民雜〉篇討論爲君之道、爲臣之道。作者說：「大君者，太上也，兼畜下者也。下之所能不同，而皆上之用也。」做一個人君對於臣子的選擇，不要設限，當盡量去發現每位臣子的專長，並有效地運用，方得以「臣事事而君無事」、「臣盡智力以善其事」，每一位臣子能善用他們的智慧、盡心治事，君王就不需多費心。愼到的意思是，君王要具備識人與用人的能力，人臣則當有自己的政治所長，以爲君王、國家所用。愼到還強調，君王的智慧不需要是最優秀的，因爲如果太聰明，反而容易將所有的事情攬到自己身上，臣子反而無用武之地，這就變成君臣易位了。

我們來看三國時代的君臣互動關係。劉備收服益州後，打算聽從趙雲的建議，協助益州百姓恢復正常生活，因此請諸葛亮擬定治國條例。其間，法正對於諸葛亮擬的刑法有點意見，認爲諸葛亮的刑法太嚴，建議應該採取漢高祖的懷柔作風。

孔明立刻回答，漢高祖寬仁是因爲秦始皇用法太過，萬民皆怨；而過去劉璋在益州時「德政不舉，威刑不肅」，君臣之道逐漸喪失，因此現在必須「威之以法」，用法律建立國家的威嚴，人民方知國家恩惠；「限之以爵」，有授予官位的標準，被封官者才會感到榮耀；如此方能「恩榮並濟，上下有節」，國家秩序得以建立。

法正聽後非常佩服，劉備則依據孔明的規劃，讓益州逐步邁向安定繁榮，作爲他定奪天下的基礎（《三國演義》第六十五回）。劉備就是善用趙雲、法正、諸葛亮等臣子的長處，所以有三分天下之勢。

仁者無敵

名句的誕生

彼[1]奪其民時[2]，使不得耕耨[3]以養其父母。父母凍餓，兄弟妻子離散，彼陷溺其民[4]，王往而征[5]之，夫誰與王敵？故曰：「仁者無敵。」王請勿疑！

～梁惠王章句上

完全讀懂名句

1. 彼：指他國，這裏指秦國及楚國。
2. 民時：正常農耕的時間。
3. 耕耨：耕，耕種；耨，除去田中雜草。
4. 陷溺其民：將百姓陷害、沉溺於水深火熱之中。
5. 征：討伐。

語譯：

因為秦國、楚國的執政者剝奪了國內百姓的生產時間，使他們不能夠安心耕種來贍養父母，造成父母挨餓受凍、兄弟妻子各自離散的現狀。由於他們已使老百姓陷入水深火熱之中，因此大王若此時去征伐他們，還有誰會來和您抵抗呢？所以說：「施行仁政的人是無敵於天下的。」大王請不要猶疑，放手去做吧！

名句的故事

梁惠王即位之後，不僅東方敗於齊國、大兒子戰死沙場，並且西面又被秦國奪去七百里土地、南面受辱於楚國……對此種種，梁惠王並非無動於衷。

也因此，在經與孟子的幾次詳談之後，梁惠

王終於不再對孟子心存芥蒂，而願意開誠佈公，將心中的憾事告訴孟子，毫不隱瞞地向他表達出自己想爲死在戰場上的將士報仇雪恨的念頭。

既然梁惠王已坦誠，孟子自然也是傾囊相援，再度提出自己一向不遺餘力鼓吹的「仁政」主張，並且更爲細緻地將其分爲「內政」及「文化教育」兩個層次來談。

在內政方面，孟子提出三項實際可行的政策：一是減輕刑罰，二是降低賦稅，三是讓百姓能無後顧之憂地致力於農事，保證人民得到最基本的溫飽。而在文化教育方面，則強調儒家一貫主張的「孝」、「悌」、「忠」、「信」；如此一來，不僅能讓社會穩定，並且當國家遇到危難之時，所有人才會義無反顧地同心一致、保衛家國。

自然，孟子在提出這些政策之時，也不忘舉出他國「倒行逆施」的例子來做爲戒諫，具體地分析敵國的致命弱點，明白點出敵國國君因施行暴政而導致百姓民心渙散、人民嚮往「仁君」的心理，以此做爲梁惠王的「定心丸」，引出「仁者無敵」的眞諦。

孟子如此有理有據、擲地有聲的論點，就是今天聽起來，也是相當地具有說服力，引人深思。

歷久彌新說名句

所謂的「仁者」，在中國古籍中通常用來形容有仁德之人。在孟子以前，孔子便曾按人格的境界，將人分爲智者、勇者和仁者三類，並且在多處提及這三類人的人格特質，例如《論語．憲問》篇中所言，「仁者必有勇，勇者不必有仁」，「仁者不憂、知者不惑、勇者不懼」，以及「仁者樂山、知者樂水」。

至於「無敵」二字，運用的範圍就更爲廣泛了，它意指不可對抗、不可比擬。像《三國演義》第五回中形容呂布時，便是如此描述：「英勇無敵，可會十八路諸侯，共議良策。」

自從孟子說出「仁者無敵」後，已成爲種文人用來自勉，或者對人格高尚之人的讚頌。不過要注意的是，「無敵」不是指實質上的戰無不勝、攻無不克，而是形容一種精神狀態，一種無人可擬、無人能及的壯闊胸懷。就像是曾獲諾貝爾和平獎而現已辭世的泰瑞莎修女，人們便常以「仁者無敵」來稱頌她對全人類一視同仁的無私之愛。

除了「仁者無敵」之外，後世也借用這個句子的句型，結合孔子提出的三類人格特質，衍生出「智者無畏」、「勇者無懼」的類似說法。

現在，你可以試著思考一下，是否有什麼樣的人，在你的心目中完全符合「仁者無敵」、「智者無畏」、「勇者無懼」的標準。若有，不妨動筆將他們的事蹟記錄下來，並將此做爲礪自己向上的動力。

爲政不難，不得罪於巨室

名句的誕生

孟子曰：「為政不難，不得罪[1]於巨室[2]。巨室之所慕[3]，一國慕之；一國之所慕，天下慕之；故沛然[4]德教溢乎四海。」

～離婁章句上

完全讀懂名句

1. 得罪：觸怒、冒犯。
2. 巨室：有聲譽的世家望族。
3. 慕：心悅誠服之意。
4. 沛然：恩澤寬廣深厚的樣子。

語譯：

孟子說：「治理國家政務並不難，只要不觸怒國家中有聲譽的世家望族就是了。因為這些有聲譽的世家望族所心悅誠服的對象，就會被這個國家的所有人臣服；這個國家所臣服的對象，也會為天下人所臣服；因此君主深厚的德教就會普及天下了。」

名句的故事

我們熟知孟子的政治理念不外乎民貴君輕的民本思想，會說出「爲政不難，不得罪於巨室」，實在是有其歷史背景。春秋時代是代西周而起的歷史時段，在這個時段中，周室天子仍舊是存在的，也爲春秋各國的公室諸侯所尊重，特別是齊桓公的「尊王攘夷」，讓王室與貴族之間大體還維持著封建制度的君臣關係。

由於封建制度趨於式微，周王室已經不再爲人所尊重，各國的公室諸侯也面臨其國內氏族（巨室）的威脅，例如魯國公室屢遭孟孫氏、叔孫氏、季孫氏等三家大夫的威脅與僭越，齊國公室更發生田氏取而代之的慘劇，歷史從此進入戰國時代。封建時期所遺留下的階級制度，早已不堪回首，各國主政者如果想要政令通達、有效地處理國家政務，對於這些「巨室」多多少少都要使出拉攏、妥協的手段。

因此孟子說「爲政不難，不得罪於巨室」，只要這些有聲譽的世家望族能夠臣服於一國之君，自然也會起風行草偃的作用，如此一來，國君的恩澤就可以遍及天下百姓了。有趣的是，戰國時代的君主更聰明地開始提拔一些巨室之外的「謀略之士」，以鞏固自己的統治勢力，間接降低巨室的政治影響力。

歷久彌新說名句

網路上有一篇名爲〈郭明義點傳師慈悲開示〉的文章討論到這句名言。這位作者認爲，「爲政不難，不得罪於巨室」的「巨室」，不應該是指所謂的大家族、大企業，而他也認爲孟子所講的「巨室」，並非指有權勢財富的家族。郭先生認爲，孟子所講的巨室是指曾子、子思等等這些道德之士，當時的君臣皆會去求教這些大德者，所以爲政要尊重這些有德的家族。

《金史》記載有一位名叫宗端脩的人，好學、重名節，官雖至監察御史，但是仕途並不順遂，他認爲正直之道不顯於世，因此更加自重自愛。一天，游彥哲向他請教爲政之道，他回答：「爲政不難，治氣養心而已。」「心正則不私，氣平則不暴。爲政之術，盡於此矣。」從政爲官不難，就是要能修養脾氣與端正心性，心如果端正就不會偏私，氣如果平順則不會暴戾（《金史．宗端脩列傳》）。

有一句名言叫做「爲政不在多言」，從政者最重要的還是要腳踏實地做事，不要「光說不練」，滿嘴空話，到最後什麼都沒做；尤其「言出如箭，不可亂發，一入人耳，無法拔去」，射出去的箭是收不回來的，說出去的話也是一樣，只要有一個人聽到，就如同中箭一樣，是無法否認的。當前我們常常會看到許多政治脫口秀，不就是「亂箭齊發」嗎？

仰而思之，夜以繼日

名句的誕生

孟子曰：「禹[1]惡[2]旨酒[3]，而好善言。湯[4]執中[5]，立賢無方[6]。文王[7]視民如傷[8]，望道而未之見。武王[9]不泄邇[10]，不忘遠。周公[11]思兼三王，以施四事；其有不合者，仰而思之，夜以繼日[12]；幸而得之，坐以待旦[13]。」

～離婁章句下

完全讀懂名句

1. 禹：人名。夏代開國之君。相傳因治水有功，得舜讓位，立國為夏。亦稱為「大禹」、「夏禹」。
2. 惡：討厭，厭惡。
3. 旨酒：美酒。
4. 湯：人名。商朝的開國君主。亦稱為「商湯」、「成湯」。
5. 執中：執，抱持；中，中庸，不偏不倚。
6. 立賢無方：無方，無定類、無一定方向。立賢無方，推舉賢人不拘一格。
7. 文王：帝號。指周文王。
8. 視民如傷：看待人民如同對待傷患，唯恐有所驚擾。形容在上位者對人民愛護之深。
9. 武王：帝號。姓姬名發，文王之子。討伐商紂而有天下。
10. 泄邇：泄，狎；邇，近。
11. 周公：人名。姓姬名旦，周文王的兒子，武王的弟弟。
12. 夜以繼日：表示夜晚接著白天，一直不歇息。

13. 待旦：等待天明。

語譯：

孟子說：「禹討厭美酒而喜歡善言。湯掌握住中正的原則，選拔賢人沒有一成不變的常規。文王看待百姓，如同他們受了傷一樣的憐愛，望見了『道』卻像沒有看見一樣，還是不斷追求。武王不輕慢近臣，不遺忘遠臣。周公想要兼有三代聖王的功業，實踐上述四種美德；要是有不合時宜的，就仰首思索，從夜晚到白天片刻不休息；幸而想通了，就坐等天亮好立即實行。」

名句的故事

商鞅在跟秦孝公講述帝道、王道時，秦孝公哈欠連連，一副索然無味的樣子，並覺得商鞅是平庸之輩。等到商鞅搬出「霸道」之說時，秦孝公立刻眼睛為之一亮，聽得津津有味、徹夜不眠。這不僅只是秦孝公的個人特質，而是戰國時期大部分君主的共同傾向。

在這樣一個背景下讓孟子非常想念大禹、商湯、文王、武王還有周公這幾位前代君主。他懷念大禹討厭美酒的禁慾生活，想念商湯喜歡結交各式各樣的朋友、賢人，還有文王把自己的人民當成小孩一樣的呵護關愛。武王的重感情，不會忽略身旁的人，也不會忘記遠方的臣子。還有周公的認眞學習，常常從夜晚到白天、無時無刻不在想如何使自己更完美。

這樣的君主是孟子夢想遇到的，但是事與願違，他出生得太晚了。他遇到的君主是，如齊宣王需要力能勝戰的志士，或者是魏惠王需要能報仇血恨的武將，幫他從戰場扳回失去的勝利。孟子處處碰壁、不受歡迎，也更讓他想像、懷念前代君主的美好。

歷久彌新說名句

孟子稱讚大禹是一位不喜歡美酒、喜歡善言的英明賢良的君主。英明的可不只有大禹，連大禹的兒子都子承父業，深受人民的想念與愛戴。

有一次，諸侯中的「有扈氏」因故起兵叛變，於是大禹便派他的兒子伯啓去制服他。兩方大軍在「甘」這個地方打了起來，伯啓的部隊大敗而逃。跟在伯啓身邊的將領們要求伯啓略事整頓後再行出兵還擊。「不用再戰了！」伯啓擺擺手說。將領們都覺得奇怪，伯啓爲什麼說不用再戰了呢？

伯啓回答：「有扈氏擾亂老百姓的生活，我才奉命來圍剿他。大家想一想，我的地盤不比他小，率領的部隊也是最精良的，結果我卻不能完成任務。這是什麼原因呢？」伯啓停了一下，繼續說：「因爲我還有需要改進的地方，譬如我沒有以身作則帶領屬下，管教部屬的方法也不如他。所以，如果我要讓老百姓恢復安居樂業的生活，我必須先糾正自己的錯誤。」

此後，伯啓認眞要求自己，與一般的兵士一同作息，天還未亮，就起來操練，生活變得樸實，並選用有品德和才能的人來商討國家大事。有扈氏從其他諸侯那裡知道了伯啓的改變，不但不敢舉兵來犯，反而帶兵前來歸順了。眞是所謂：「君有道，士不遠千里而來。」君要有道，很少有不「反求諸己」而能成功的。孟子舉出的每一位聖人典範，都是能夠做到「嚴以待己」在先。

任何想闖出一番大事業的人，很少有對自己太放縱，而獲得成功的。西晉人祖逖每天早上聽到雞叫，立即起來練劍的故事，大家或許不陌生。但是大家可能不知道睡在祖逖隔壁床一個名叫劉琨的，每天晚上甚至是拿刀劍當枕頭的。他在給家人的信中寫道：「在國家危難時刻，我經常枕戈待旦（枕著兵器睡覺一直到天明），立志殺敵驅虜，常常擔心祖逖會先我一步拿起馬鞭攻打敵人！」（《晉書・祖逖傳》）。當時的晉朝內憂外患、風雨飄搖，這兩個年輕人，不僅互相激勵，每天心中只想如何鍛鍊自己，以拯救國家。結果兩人果眞是衰弱不堪的晉國當中少數能在前線立下戰功的人。想成功嗎？先訓練自己有這種「枕戈待旦」、「臥薪嘗膽」的精神吧。

以若所爲，求若所欲，猶緣木而求魚也

名句的誕生

曰：「……欲辟[1]土地，朝秦楚[2]，蒞[3]中國而撫四夷也。以若所為，求若所欲，猶緣木而求魚也。」

曰：「若是其甚與？」

曰：「殆[4]有甚焉。緣木求魚，雖不得魚，無後災。以若所為，求若所欲，盡心力而為之，後必有災。」

～梁惠王章句上

完全讀懂名句

1. 辟：開闢、擴大。
2. 朝：使……來朝之意，朝秦楚意指接受秦楚兩國來朝。
3. 蒞：臨、至。
4. 殆：副詞，多用來表示不肯定之意，比如說大概、幾乎、可能等。

語譯：

孟子說：「……您希望能夠擴張國土，使秦、楚這些大國都來朝貢您，讓自己可以君臨中國，並且安撫四方落後的民族。不過，以您現在的做法，想實現您的願望，就好像爬到樹上去捉魚一樣。」

宣王說：「有這麼嚴重嗎？」

孟子說：「恐怕比我說的還要嚴重。因為爬上樹去捉魚，雖然捉不到魚，可也不會有什麼後患。但以您現在的做法，若想實現您的願望，並且還如此費心力的去施行，以後一定會產生禍患的。」

名句的故事

世人皆知孟子善辯，兼之口才一流，因此，面對著一心一意鼓吹以「王道」取代「霸道」來一統天下的孟子，齊宣王心中縱使仍有以「霸道」來取得天下的念頭與野心，但在面對孟子的層層進逼，也只能採取迂迴策略，笑而不答。

聰明如孟子，自然洞悉齊宣王心中的想法，畢竟在當時，幾乎所有的君王都是如此，否則孟子也不必如此苦口婆心的四處宣揚「仁道」。但能說服、感化一個君王便是好事，因此孟子集中火力，採用了「設套」式的「欲擒故縱」法，先問了幾個無關緊要的問題，比如問齊宣王貪圖不貪圖感官享受、是否與諸侯結怨心裏才會快活等問題，來誘使齊宣王回答，然後在齊宣王回答「否」之時，將話鋒一轉導入正題，明白無誤地指出既然齊宣王最在乎、且追求的事是一統天下，那麼若以行使「霸道」之法來爲之，根本就等於是「緣木求魚」，也就是爬到樹上去捉魚，絕對的方法錯誤。

至此，齊宣王自然不免爲自己辯解一番，認爲自己不會做出「緣木求魚」如此荒唐的錯誤舉動，並且也表明孟子之語過於危言聳聽。

齊宣王的答案當然早在孟子的預料之中，因此孟子便打蛇隨棍上，馬上滔滔不絕地開始分析爲何以「霸道」來一統天下的方式不僅是「緣木求魚」，並且嚴重的程度絕對超乎齊宣王的想像：因爲爬到樹上捉魚了不起捉不到魚，可是若堅持行使「霸道」，則無法統一天下不說，還極有可能危及自身。

而陷入被動狀態的齊宣王，在這種時候，自然只能乖乖地聽從孟子的「循循善誘」，老老實實地上一堂只有施行「仁政」才能眞正一統天下的「王道」課程了。

歷久彌新說名句

孟子與齊宣王這一段對話中，最精彩和最深刻之處莫過於「緣木求魚」這個比喻。它不僅給了齊宣王一個當頭棒喝，並且還成了後世千百年來大家經常引用的成語。

「緣木求魚」亦作「求魚緣木」，本意是比喻用錯方法，徒勞無功。後世許多文章中都沿用了這個精采絕倫的譬喻，例如《漢書．卷十一．劉玄傳》：「今以所重加非其人，望其毗益萬分，興化致理，譬猶緣木求魚，升山採珠。」以及《孤本元明雜劇．卓文君．第三折》：「盼功名如守株待兔，要求進若緣木求魚。」大體來說，與它意涵相類似的成語還有「刻舟求劍」、「升山採珠」。

到了現代，人們依然大量地使用這個成語，特別是在報章雜誌的標題之中：「畫餅充饑與緣木求魚——看臺灣的就業藥方」、「政策推動切莫緣木求魚」……等。而無獨有偶，外國也有與中國「緣木求魚」相同意思的俗諺：「get water from a flint」（由打火石中取水）。

但有趣的是，在這個五花八門的世界中，「緣木求魚」之事還眞能存在。在柬埔寨的洞里薩湖區，有不少被水淹沒的湖畔樹林，而在這些樹林裏，有一些老樹身上有樹洞，因此有時魚兒便會躲到樹洞裏去，而當湖水退下之時，一些藏身於被水淹沒的樹洞中的魚兒來不及隨水退走，人們便眞可以在樹上抓到魚呢！

不過這當然只是一個特例，我們可不能因爲這個有趣的特例而否定了「緣木求魚」的眞實寓意。

故爲政者，每人而悅之，日亦不足矣

名句的誕生

孟子曰：「君子[1]平[2]其政，行辟人[3]可也。焉得人人而濟[4]之？故為政者，每人而悅之，日亦不足矣。」

～離婁章句下

完全讀懂名句

1. 君子：這裡指在位的官員。
2. 平：使安定、協調。
3. 辟人：辟同避，避開、驅散之意，避人就是驅散或迴避路上的行人。
4. 濟：過河、渡河。

語譯：

孟子說：「在上位的人只要把政事治理好，出門即使需要驅散路人以為迴避，都是可以的。哪裡有時間幫助老百姓一個一個地渡河呢？如果執政的人要去討好每個人的歡心，那日子真的是太不夠用了。」

名句的故事

子產是春秋時代鄭國的貴族大夫，博洽多聞，長於治術，使得鄭國雖然夾在晉、楚兩國的爭霸中，尚能獲得他國的敬畏。子產在擔任相國的時候，曾經用自己的駕車，幫助老百姓渡過溱水和洧水。對於子產的做法，孟子批評他「惠而不知爲政」，只知施予小恩、小惠，並不懂得爲政的要領。

孟子認爲，對執政的人而言，看到百姓無法渡過河水，應該是趕快去修橋，這樣百姓就不用擔心怎麼渡河了。做官的人只要認眞把國家事務處理好，即使出門必須鳴鑼開道都無妨，國家政事都做不完了，怎麼還有時間幫一個個百姓渡河呢？因爲根本的問題是，沒有橋可以讓百姓過河，當務之即就應該是造橋，而不是用自己的馬車載人家過河，這樣能夠載多久呢？所以孟子批評子產不懂爲政的要領。

諸葛亮說：「治世以大德，不以小惠。」《三國志》裴注）就是孟子在本文中所要表達的意思。執政者握有權力是要服務天下所有的百姓，創造恆久的社會福利，小恩小惠只能在短暫的時間內讓受惠者高興，時間一久，便會露出馬腳了。

歷久彌新說名句

政治是眾人之事，偶用小恩小惠只能換得暫時的美譽，如果存在的問題沒有獲得解決，眾人的撻伐也是毫不留情的。

陸昌勤發表了一篇文章〈走出「關心下屬」的誤區〉。作者說管理者「只有關心下屬，贏得下屬的忠誠，才能眞正建立自己的影響力」。這個道理似乎人人都懂，但是眞正在做的時候，卻常常會出現偏差，作者即認爲「把關心下屬等同於小恩小惠，這一現象在中層管理者中相當普遍」。然而小恩小惠只會累積下屬更多的要求，一但無法滿足時，很快就會有反彈，更何況「小恩小惠往往是以犧牲組織整體利益爲代價的」。所以說，與其花很多心思去做一些討好他人歡心的工作，不如從工作的過程中，建立出屬下對自己的信賴，這樣才是長久之計。

現在社會很流行辦信用卡、現金卡、金融卡、會員卡、訂雜誌等等，都可以兌換一贈品、小禮物；甚至塡寫問卷、電話訪談、參觀展覽，都有小禮物可以拿；看電視節目當然也有獎品。這其實反映出我們社會貪小便宜的現象越來越嚴重，業者當然也是看準這種心理，常常有大放送的豪舉，只是這樣的小恩小惠能讓業績成長多少呢？只要銀行的服務不夠周全、雜誌的內容不符需求、電視節目沒有可看性，群眾遲早還是會流失的。

君仁，莫不仁

名句的誕生

孟子曰：「君仁，莫不仁；君義，莫不義；君正，莫不正；一正君[1]而國定矣。」

～離婁章句上

完全讀懂名句

1. 正君：行使正道的君主。

語譯：

孟子說：「君主心存仁愛，臣民就沒有不存仁愛之心；君主執守義理，臣民就沒有不執守義理；君主行事端正，臣民就沒有人不行事端正。有一個行正道的君主，國家也就安定了。」

名句的故事

儒家理論非常重視人際關係的和諧，對於可能發生的人際衝突，例如君臣之間、父子夫婦之間、國與國之間等等，都有一套調和的系統。正道、仁、義等三個元素，常常出現在孔孟的學說當中，而這些人際關係的實際運作，套用一個字，就是「禮」。「禮」也就是「理」，是我們生活中言行舉止的道理，適用於家庭倫理、社會倫理，甚至是君臣倫理。

這樣的倫理關係是一種相對的演繹，例如孟子說：「君之視臣如手足，則臣視君如腹心；君之視臣如犬馬，則臣視君如國人；君之視臣如土芥，則臣視君如讎仇。」（《孟子．離婁下》）君主把臣下看作手足，臣下就會把君主看作腹心；君主把臣下看作狗馬，臣下就會把君主看作一般人；君主把臣下看作泥土草芥，臣下就會把君主看作仇敵。換言之，儒家是把道德行為轉化到政治行為。

所以，只要君主能夠率先示範、率先執行，人臣子民沒有不會跟著學習仿效，可見君主不僅是管理者，還是教育者。而到了荀子時，國君的地位更加有權威，他說：「居如大神，動如天帝。」（《荀子．正論篇》）這可能與他的「人性本惡」，人的行為都有需要被導正的見解有關。荀子的想法比孟子更激烈，可能受到戰國時代上下交相利風氣的影響，而孟子則是運用各種相對的論調，來調和當世所發生的問題。

歷久彌新說名句

歷代為了培養出能夠行仁、行義、行正道的國君，從這個儲君一生下來的褓母，便開始審慎選擇，更遑論嚴謹的天子教育制度。天子教育的目的在於提高君主的素養，鍛鍊其治國的技術，否則日後是無法掌管繁雜的國政。就如同孟子常強調，要注重環繞在君王身邊的人的品質，因此天子的老師、伴讀等等，都有其嚴選管道，這樣方能保證教育出一個賢君聖主。

吳兢《貞觀政要》第一章〈君道〉記載唐太宗告訴魏徵：「若安天下，必須先正其身，未有身正而影曲，上治而下亂者。」唐太宗所持的觀點與孟子相同，認為做一個君主必須先要求自己，身體如果端正、影子就不可能歪曲，只要人君端正行事，臣下也就不會行走旁門左道了。當然，唐太宗的這番話受到魏徵很大的嘉許。

曾德雄先生寫了一篇〈「虐囚」及其他〉，從討論美國士兵虐待伊拉克囚犯的事情談起，到人性、人權，至於政治制度的反省。作者認為，「如果說民主是一種『最不壞』的制度」，那麼「最好的制度莫過於儒家的『仁政』」。曾先生指出，儒家的仁政就是「全心全意為人民服務」，是一種「『君仁莫不仁，君義莫不義』，上下齊心合德」的世界。這位作者顯然對儒家政治有深切的期望，如果孔子、孟子看到他寫的這篇文章，定會深受感動的。

仁則榮，不仁則辱

名句的誕生

仁則榮，不仁則辱；今惡辱而居不仁，是猶惡濕而居下也。如惡之，莫如貴德而尊士，賢者在位，能者在職；國家閒暇[1]，及是時，明其政刑。雖大國，必畏之矣。

～公孫丑章句上

完全讀懂名句

1. 閒暇：指國家安定無內憂外患。

語譯：

行「仁德」者可為自己帶來安富尊榮，不行「仁德」者最終一定會招致屈辱。現在的人既厭惡恥辱卻又居於不仁的境地，就好像是既厭惡潮濕卻又居於低窪的地方一樣。假如真的厭惡恥辱，那就應該以仁德為貴，尊敬讀書人，使有賢德的人居於高位，使有才能的人擔任適當的職務。此外，更應趁國家無內憂外患的時候修明政治法律制度，如此一來，即便是大國也會敬畏你。

名句的故事

孟子在提及「仁則榮，不仁則辱」時，本意是想強調爲政的上位者應該要居安思危，防患於未然，如此一來，國家才能夠免除內憂外患而長治久安。

若用《尚書·太甲》上所言：「天作孽，猶可違，自作孽，不可活。」來解釋「仁則榮，不仁則辱」的道理，則更能讓人了解到一個人的作爲將會導致的後果。畢竟一人的所言所行終將決定結果的好與壞，並且也是最直接的原因，所謂的「外因」，永遠大不過「內因」的破壞力量。而其實，「仁則榮，不仁則辱」這句話之中還存在著一種微妙的因果關係：不想受到屈辱，便要以仁德之心待人，而若能以仁德之心待人，至少不會得到屈辱，並且就算沒有刻意尋求外在的尊榮，尊榮也會自然到來。

「行仁得仁，行不仁得不仁」是萬古不變的道理，在儒家流派之中有太多的聖哲都不斷地重申著這個眞理，但至今，又有多少人能明瞭其中的眞正意涵呢？

歷久彌新說名句

由於時代的因素，孟子在提及「仁」時，多半是與政治相連，意在勸戒在上位者施行「仁」政，與孔子談「仁」時講究個人修養，也就是將「仁」視爲「立身處世」的根本。雖然二位先哲的出發點看似有些差異，但其實對「仁」的要求仍是一致的，而對「不仁」者的指責也是不遺餘力。

老子也曾經提及過「不仁」二字：「天地不仁，以萬物爲芻狗。聖人不仁，以百姓爲芻狗。」（天地不情感用事，運作時，對萬物的運作沒有分別心，聖人不情感用事，對百姓一視同仁，亦無分別之心）由於解讀的問題，許多人常認爲老子所說的「聖人不仁」是具有指摘之意的，但其實不然。在老子的觀念中，天地之於萬物、聖人之於百姓，都沒有一成不變的愛，而是會順應著事物的發展變化，在該愛時則愛，不該愛時則不愛。因此，天地、聖人對事物「時過而棄」，表面上是不仁，實際上是「至仁」，「天地不仁」是萬物平等的思想，「聖人不仁」則是人人平等的思想。

而隨著時代的演變，人們已不再將「仁」與「不仁」只當成在上位者所必須遵循，或者解釋爲老子所提的「平等思想」，而是將此視爲一個具有普遍性，也就是可以概括所有人行爲準則的一個根本道理。正因爲此，所以後世有所多與「不仁」的成語，例如「麻木不仁」、「爲富不仁」、「殘暴不仁」、「剛愎不仁」……不可勝數。

以德服人者，中心悅而誠服也

名句的誕生

以力假[1]仁者霸，霸必有大國。以德行仁者王，王不待[2]大，湯以七十里，文王以百里。以力服人者，非心服也，力不贍[3]也；以德服人者，中心悅而誠服也，如七十子之服孔子也。

～公孫丑章句上

完全讀懂名句

1. 假：借、憑藉。
2. 待：等待，此處引申為依靠之意。
3. 贍：充足。

語譯：

假借「仁義」卻使用武力的人雖然可以稱霸於世，但此時的稱霸者必然要具備有相當強盛的國力；遵循道德來推行仁義的人也可以使天下歸服，但此時使天下歸服的卻不一定必須具備強大國力，就像商湯的屬地只有方圓七十里，周文王只有方圓一百里，卻依然王天下。用武力征服別人，別人並不是真心服從他，只不過因為是力量不足而不得不屈服罷了；使用道德使人歸服，則歸服者是真正的心悅誠服，就像七十個弟子歸服孔子那樣。

名句的故事

在這一段文字之中，孟子不僅說明了「王道」與「霸道」的區別，也好好地闡述了一番自己反對「霸道」、宣揚「王道」的思想。

無獨有偶，孟子的這番言論與孔子在《論語．子路》和《論語．季氏》中所論述的重點一樣，都是講求「以德服人」而不是「以力服人」。因爲「以德服人」可以使人眞正的「心悅誠服」，而「以力服人」得到的只是短暫的屈服，一當再無法以力量令人服從之時，人心必然向背。

可以這麼說，孔孟一脈相承、採用的是「攻心爲上」、「以柔克剛」的政治方針，也就是所謂的「行仁政以使天下自然歸服」。而「以德服人」則是孔孟「仁政」思想的核心，也是聖哲們認爲賢德君主想「王天下」的不二法門。

孟子已經不只一次地提到了「王道」與「霸道」的區別及利弊，但當其時所有在上位者卻依然我行我素，就算極受孟子「青睞」，曾經隨侍在側，並且時時耳提面命的梁惠王與齊宣王，都是當場看似受教，但一轉過身去便繼續「見小利忘大義」，確實讓人扼腕。但卻也在同時，更讓人佩服孟子的百折不撓，以及爲「憂天下百姓之憂」的仁者胸懷。

但就像外國諺語中所說一樣：「是鑽石總會發光。」雖然孟子的忠言在任何時候聽起來都有些逆耳，但眞理終究不會遭埋沒，因此千年之後，我們依然可以看到孟子鼓吹「仁政」時義氣風發，以及那些暴虐君主終究沒有王天下的事實。

歷久彌新說名句

自孟子「以德服人」之說面世後，距離孟子時代不遠的諸葛孔明便親身相試，並且也得到「心悅誠服」的結果，諸葛亮「七擒孟獲」的故事，正可以說是孟子此一說法的成功範例。現在，在成都武侯祠仍留有一副的對聯：「能攻心則反側自消，從古知兵非好戰」，其實表達的正是「以德服人」的思想。

西方有句俗諺：「Force can never destroy right.」（暴力絕不能摧毀正義），其實講述的也就是「以力服人」永遠不能戰勝正義，更無法取得人心之意。古今中外都有太多「以力服人」最終失敗的眞實歷史事件，正共同印證了這個道理。

在現今，「以德服人」與「心悅誠服」這兩個詞語已經成爲人們經常使用的兩個成語，並且廣泛地用在各行各業之中，「以德服人、以智取勝」這類的話語多如牛毛，在電影《新方世玉》中，「以德服人」這句話更成爲了其中由陳松勇所扮演的大老粗「雷老虎」口中時時提及的口頭禪，因而造成不少「笑」果；但由此正也可看出「以德服人」一詞是多麼地深入人心。

其實無論年長、年幼，無論能力是高是低，在每個人都應該將「以德服人」做爲人生修養的座右銘，並且在他人取得成功之時，眞誠地表達出「心悅誠服」之意，因爲「誠服」並不是「臣服」，反而是一種胸懷的表現。

徒善不足以爲政，徒法不能以自行

名句的誕生

孟子曰：「今有仁心仁聞，而民不被其澤[1]，不可法於後世者，不行先王之道[2]也。故曰：徒[3]善不足以為政，徒法不能以自行。」

～離婁章句上

完全讀懂名句

1. 被其澤：感受到他的恩澤。
2. 先王之道：就是指仁政。
3. 徒：僅。

語譯：

孟子說：「現在有具備仁愛之心或有仁愛名聲的君王，百姓卻感受不到他的恩澤，也無法成為後世效法的對象，是因為沒有實施先王之道的緣故呀。所以說：只有仁心是不足以治理國家，只有治術也無法推行仁政。」

名句的故事

孟子以爲，一個名垂千古、足以爲後世傳誦、效法的政治，必須結合仁心與仁術，缺一不可。他舉出，離婁的眼力很好、公輸子的手藝很好，但是如果沒有搭配圓規、直尺，也無法畫出圓形與正方形。意思是說，一個人本身具備很好的才華，必須要透過一個妥善的介面，才能夠將這個才幹發揮出來，達到有效益的目的。

因此，孟子強調想要施行仁政者，「仁心」與「治術」皆不可偏廢，這個「人」的條件相對地重要起來。又誠如荀子所說：「有治人，無治法。」（《荀子・君道》）就是批評戰國時代的縱橫家們忽略了賢德之人的重要性，一味講權勢、權力的展現，這樣是難以得到天下人的信服。然而，荀子得其一、也失其一，如果一個國家「無治法」，國家綱紀定會蕩然無存，即使有賢德之人，都不見得會出現好的治績。可見人與法是互相影響的。

《禮記．中庸》：「其人存，則其政舉；其人亡，則其政息。」可見施政者的重要性，有正確的人在位，方能夠主導出正確的施政方向。當然「徒善不足以爲政，徒法不能以自行」，掌握治國的君王也必須是一個通權達變之人，斟酌損益，不拘泥於人情、也不拘泥於法理，才能對國家機制運籌帷幄。

歷久彌新說名句

黃宗羲在《明夷待訪錄》說：「論者謂有治人無治法，吾以爲有治法而後有治人。」這句話是針對當時明朝專制體制，特別是宦官或東廠錦衣衛這樣的角色，把持朝政，造成許多賢達之士無法施展抱負。宦官、外戚或特別爲擴張皇權所設置的機構，都是因爲國家體制不善所造成的，這會限制法治所能展現的裁量權。一旦政治失去裁量權，反倒成爲以「人治」爲主，容易造成國家體制的混亂。因此黃宗羲認爲，要先有治法，有良好的國家運作制度，才會出現眞正可以治理國家的人。

余建文先生在〈人權、民主與法治〉一文中，討論到法家與儒家的治術。他認爲法家的法制可以讓君王成爲全國唯一「自由的個人」，人民只是單純的被統治者；而儒家卻強烈認識到「徒善不足以爲政，徒法不能以自行」，因此重視將刑法落實到人的精神層面，落實的介面就是透過道德，執行的方法是透過禮樂。余先生更說，可惜儒家無法進一步「建立人民參與的、以道德精神爲本的民主立法機制」。想必這就是儒家最大的缺失與問題，目的與理想都規劃好了，執行的方法與解決現困的方法卻很欠缺，所以法家就後來居上了。

南華大學《網路社會學通訊期刊》有一篇蔡舒帆同學寫的〈網路世界的秩序與規範〉，探討無國界的網路世界，如何實施網路規範以避免網路犯罪、維持網路世界的秩序。蔡同學以爲「『徒善不足以爲政，徒法不能以自行』，網民基本的網上禮儀、網路規範的遵守等資訊素養的具備，如何成爲一個有榮譽心的網民」，這些都是建構網路世界秩序規範時，都必須要考慮到的因素。其實像現在網路上盛行的拍賣活動，常常出現賣者詐騙的問題，還有商品品質保證或商品退貨的問題，如何建立一個有效的規範，過濾這些網路展示商品必須的條件，就是網路秩序建立一個很好的課題。

孟子100 修身養性

養心莫善於寡欲

名句的誕生

孟子曰：「養心莫善於寡欲[1]。其為人也寡欲，雖有不存[2]焉者寡矣；其為人也多欲，雖有存焉者寡已。」

～盡心章句下

完全讀懂名句

1. 寡欲：寡，少。欲，慾望。寡欲即是慾望不多。
2. 不存：不存在，指一個人的本心已經不存在。

語譯：

孟子說：「想要培養心性，沒有比減少慾望更好的方法了。慾望很少的人，失去本心的也很少；慾望很多的人，保有本心的也不多。」

名句的故事

孟子主張「養心莫善於寡欲」，東漢儒者趙岐則將這段話的意義，從內心的修練導向了善惡果報，強調「善有善報、惡有惡報」，也就是「善於寡欲者，多有善報，多欲者多有惡報」。

趙岐認爲，孟子所說的「養」，就是「治」，即「培養」「經營」的意思，「欲」指的是利益與慾望，當然也有慾望很少但卻遭遇不幸的人，但那多半是遭遇天災事故，例如是在山中遇到餓虎。也有貪得無饜卻依然活得好好的人，但那多半是有祖先留下來的德業庇佑，不過這種人並不多。

孟子認爲慾望很多的人，「很少」能夠保持

住本心，然而朱熹解釋此章，卻將其推至極端，認爲慾望很多的人，「必定」會失去本心。朱熹的說法是，慾望指的是口鼻耳目與四肢的慾望，雖然每個人必定有這些慾望，但是如果太過耽溺慾望沒有節制的話，一定會失去原來的本心，應當深以爲戒。

根據近代學者楊亮功與宋天正的看法，孟子此處所謂的本心，乃是「操則存，捨則亡」，即不斷地鍛鍊才能保存，如果捨棄就會消亡，一個人嗜好與慾望很多，那麼便容易被外物所引誘；嗜好與慾望不多的人，內心才能夠不被外物所迷失。

孟子「寡欲」的主張，楊亮功與宋天正指出，乃與強調「清心寡慾」的道家義理相通，例如《莊子·大宗師》中的「其耆欲深，其天機淺」，同樣說一個人慾望太重，必定迷失辨別事務的能力，又例如《老子》中的「見素抱樸，少私寡欲」，同樣主張過著樸素的生活，減少不必要的慾望。

歷久彌新說名句

孔子稱讚弟子顏淵能夠做到「貧居陋巷，簞食瓢飲，卻不改其樂」，孟子也強調「養心莫善於寡欲」，足見「安貧樂道」一直是儒家的一貫思想。講究道德修養的東方儒家如此主張，強調快樂至上的希臘哲學家伊比鳩魯也有同樣的說法，「如果要使一個人快樂，別增添他的財富，只要減少他的願望」。

與「養心莫善於寡欲」相反的名詞，莫過於「欲壑難塡」，即形容一個人的慾望像深溝一樣，難以滿足。被稱爲歷史上「第一大貪官」的和珅，當是「欲壑難塡」的代表性人物；他原本是清代乾隆皇帝的寵臣，但嘉慶皇帝對他相當不滿，登基後立刻宣布和珅的二十條大罪，將他逮捕入獄，並賜他自盡，將其家產充公。

據流傳民間的抄家清單記載和坤的家產，共有田地八千多頃，當鋪七十五家，銀樓四十二家，古玩鋪十三家，花園樓台一百零六座。還有大量的金銀珠寶、衣飾、器皿等等，整個家產折合白銀約有八億兩之多。當時清朝每年的稅收不過七千萬兩而已，和珅的家產就相當於朝廷十多年的總收入，令人咋舌。所以，當時民間流傳著「和珅跌倒，嘉慶吃飽」的諺語。

幾乎所有宗教都要求信眾「清心寡慾」，尤其是強調「修身戒慾」的佛教。佛教中有許多警惕信徒不可耽溺慾望的詞句，例如「財色名食睡，地獄五條根」；「財色名食睡」指的是人們最重要的五種慾望，如果人們對這五種慾望貪得無饜，那麼便是墮入地獄的五個根本因素。所以我們平日動心起念，日常生活的行住坐臥，都要非常謹慎，才不會造惡。

枉己者，未能直人者也

名句的誕生

孟子曰：「禦者且羞[1]與射者比[2]；比而得禽獸，雖若丘陵[3]，弗為也。如枉道[4]而從彼，何也？且子過[5]矣：枉己者[6]，未有能直[7]人者也。」

～滕文公章句下

完全讀懂名句

1. 羞：感到恥辱。
2. 比：音，bì，ㄅㄧˋ，結黨營私，合作。
3. 丘陵：此處是用來形容堆積如山，很多的意思。
4. 枉道：違背、歪曲正道。
5. 過：錯誤。
6. 枉己者：自身行為不端正的人。
7. 直：糾正。

語譯：

孟子說：「駕車的人尚且認為與射箭的人結黨合作是一種恥辱；如果因為跟射箭的人合作可以得到許多珍禽異獸，而且多的像山一樣，我也不會去做。如果要違背正道而去跟隨那樣的人，這又是為什麼呢？而且你也錯了：自身行為都不端正的人，是無法去糾正他人的。」

名句的故事

戰國時代是一個爭奪的時代，適合縱橫家的生存，縱橫家也幾乎左右了當時的政局；儒家所能發揮的影響力，根本是有限的。孟子的學生陳代，在求好心切之下，替他的老師想出一個「枉尺而直尋」的方法，也是我們現在所熟悉的成語「枉尺直尋」。「尋」是古代長度單位，約八尺或七尺。陳代的想法是，彎曲一尺而後能夠伸展出八尺，也就是先委屈自己，有朝一日可以施展抱負時，成就就不止如此了。這有點像是要賭一賭，「以小博大」的感覺。

孟子是個正直的君子，怎麼可能去做這樣的事情？便舉了兩個例子開導自己的學生，其中一例用了駕車的人與射箭的人作比喻。故事發生在晉國大夫趙簡子派車夫王良駕車，載著他最寵愛的家臣去射箭打獵。一天下來，這位受寵的家臣一隻鳥都沒獵到，便向趙簡子抱怨王良是最差勁的車夫；王良知道後便提議再替這位寵臣駕一次車，結果這次寵臣一個早晨就捕獲十隻鳥，便向趙簡子稱讚王良是最優秀的車夫。趙簡子便想下令，讓王良以後都爲他的寵臣駕車。

王良知道之後，立刻否決這個建議。他說，起初按照法則去駕車，一天也射不到一隻鳥，後來不按規矩駕車，卻很快射到十隻鳥，《詩經》上面說：「駕車的人不能失去駕車的規矩，射箭的人一發箭便要射中目標。」他說他不習慣替小人駕車，所以要辭掉這個職務。孟子用這個例子告訴陳代，意思是說，駕車的人尚且知道要遵守駕車的規矩，不願意與射箭的人同流合污，何況要他違背正道與諸侯們合作呢？自己的行爲都不端正，又如何去糾舉別人的錯誤？

歷久彌新說名句

「枉尺直尋」是戰國時代縱橫家的普遍作風，蘇秦、張儀、商鞅等等，都是先採取低姿態，順著當時諸侯的脾氣，再慢慢將自己的理念推展出去，也就是一種機會主義的做法。這對傳統儒家學者來說，是投機取巧的行爲。例如《後漢書‧張衡傳》記載：「枉尺直尋，議者譏之；盈欲虧志，孰云非羞？」意思是說，枉尺直尋是一種充滿私慾缺乏志氣的行爲，讀書人應該感到羞恥。

羅倫在明獻宗時期被拔擢爲進士第一，封爲翰林院修撰。當時有一位大學士李賢回家奔喪後，卻被朝廷「起復」；古時候官吏如遭父母之喪，服喪期未滿而被朝廷召回就叫作「起復」。羅倫因爲這件事情不合禮法，所以前去阻止李賢，但是李賢不聽，所以羅倫乾脆向皇帝上疏。

羅倫上疏說：「朝廷以奪情爲常典，縉紳以起復爲美名……不知此人於天下之重何關耶？」朝廷既然以「奪情」爲常態，士大夫當然以被「起復」而自傲了，因爲這樣可以顯示出自己的政治地位，但是羅倫現在卻義正嚴詞地質疑這種違背禮法的現象。他繼續說：「枉己者不能直人，忘親者不能忠君。」羅倫勸誡明獻宗，自己行爲都不端正的人是無法糾正他人的，忘記自己親人的人是無法對君主忠誠的（《明史・羅倫列傳》）。細數明代，像羅倫這樣的人還眞沒幾個，眞是令人聞風景仰啊！

爲富不仁矣，爲仁不富矣

名句的誕生

孟子曰：「賢君必恭儉禮下，取於民有制[1]。陽虎[2]曰：『為富不仁[3]矣，為仁不富[4]矣』。」

～滕文公章句上

完全讀懂名句

1. 制：法度、規定。
2. 陽虎：人名。字貨，春秋魯人，生卒年不詳，為季氏家臣。
3. 為富不仁：只知斂聚財物，卻不講求仁義道德。
4. 為仁不富：行善者樂善好施，不聚斂財富，通常都不富有。

語譯：

孟子說：「賢明的君王一定是恭敬節儉地以禮節對待臣子，會依據法制向人民徵稅。陽貨曾說：『想要富有，就不會講求仁義道德；想要施行仁義，就無法累聚財富。』」

名句的故事

滕文公當上國君之後，聘請孟子來擔任他的國策顧問，有一天他向孟子請教如何治國。孟子告訴滕文公，人民的農事是最不可以拖延的，因爲農事不僅關涉到人民的溫飽，也與國家的財政稅收息息相關。因此要讓人民能夠安定生活，就要讓人民按時耕作，這樣國家也才會有歲入，而徵稅時也要依據合理的制度。孟子並且告誡滕文公，要做一個斂聚人民財富的君主，就不可能施行仁義道德；要做一個佈施仁義的君主，就不可能累聚財富。

孟子的話和《大學》的道理是相通的：「仁者以財發身，不仁者以身發財。」有仁德的君子會用財富去做利益人群的事業，換得的是眾人的尊重；沒有仁德的人是用自己的頭腦來累聚財富，以滿足個人的享受。

所謂「財散民聚」，只要君王願意佈施仁義，人民自然會主動靠攏。相較於縱橫家是利用金錢、土地，甚至是人民，作爲利益交換的籌碼，目標是君主最大的利益。當時，商鞅代表秦國出去與各國交涉時，通常會事先準備很多金銀珠寶，讓對方先嚐到甜頭，作爲交好的前哨，之後再予以擊破，這就是「爲富不仁」一個很好的例證。孟子在這種「上下交相利」的時代，鼓勵滕文公作一個「爲仁不富」的君主，實在是用心良苦呀！

歷久彌新說名句

宋朝的范仲淹是一個樂善好施的人，剛作大官，便將俸祿拿出來購置「義田」，供養周濟同族的子弟，還包括婚喪嫁娶等事宜的協助。後來范仲淹買了蘇州的南園作爲自己的宅第，卻聽風水師說，南園的風水極佳，後代會出公卿，因此范仲淹很快就把南園改成學堂，以便教育蘇州子弟。范仲淹佈施仁義不僅換得後人的尊敬，也爲自己的子弟累積福德，他自己的四個兒子也都做了宰相公卿。范家生活極爲節儉，范仲淹死後，甚至連喪葬費用都不夠，但他留給後世子孫的卻是無比的道德財富。這就是「爲仁不富」的最佳典範。

西方歷史上有一個我們耳熟能詳的「爲富不仁」的鐵證，就是有名的「十字軍東征」。歐洲十字軍打著上帝的旗幟，要去降服中東的異教徒。哪知這些他們眼中的異教徒，可是非常懂得經商理財，因此十字軍沿途所見的都是各式各樣的財富。財富激起「聖戰」參與者的貪婪之心，所以十字軍所經之地，不僅血流成河，還掠奪金錢寶物，根本就把上帝拋在腦後了。「爲富不仁」之極致，莫過於此。

父子有親，君臣有義

名句的誕生

孟子曰：「聖人[1]有憂之，使契[2]為司徒[3]，教以人倫：父子有親，君臣有義，夫婦有別，長幼有序，朋友有信。」

～滕文公章句上

完全讀懂名句

1. 聖人：這裡指堯。
2. 契：音，xiè，ㄒㄧㄝˋ，人名，殷代始祖，堯時為司徒，封於商。
3. 司徒：職官名，掌理教化，類似今日的教育部長。

語譯：

孟子說：「堯對人民的教化感到憂心，因此任命契擔任司徒一職，教導百姓做人的道理：父子之間的感情是親情，君臣之間要有義氣，夫婦主內主外有分別，長幼之間要有先後次序，朋友之間要講信用。」

名句的故事

搬到滕國後，卻被農家許行之說沖昏了頭的陳相，以爲統治者應該一面耕作、一面治國，孟子則開始向陳相解釋，爲什麼統治者不應該一面耕作、一面治國。

孟子說，堯的時代，天下尚未平定，水患連連，草木多、禽獸也多，農事的收成並不好，因此堯派舜出來治理。舜則派益負責用火燃燒山林草澤，野獸才紛紛躲避；舜派禹治理水患，讓百姓得以按時耕種。接著后稷奉命教百姓耕作的方法，穀物收成時，人民終於得到溫飽。

然後堯又擔心這些穿暖了、吃飽了的百姓，會像禽獸一樣沒有規矩，因此又派契擔任司徒一職，教導百姓做人的道理。契的教化工作重點放在五種人際關係上：父子、君臣、夫婦、長幼、朋友等，也是我們熟知的五倫。孟子舉出堯曾說過，對於人民要有體恤之心，偏邪的要糾正他、幫助他們奉行禮教等等。孟子解釋，堯舜這些人的心思是用在治民、養民、教民上面，哪有時間去耕種呢？

這句名言說的是人際關係中，有最需要重視的著力點，被後世中國人奉行不已。

歷久彌新說名句

宋朝的朱熹是一位好學不倦的讀書人，不僅遍讀儒家經典，對於佛老之著，也都不放過，這爲他日後的註釋工作與教育工作，種下很深的根基。朱熹在五十歲的時候第二次擔任地方官，他做了一件中國教育史上重要的大事：重建廬山白鹿洞書院。朱熹在書院實驗自己的教育方案，包括制定書院的教育目的、教學程序、修養心性等等學規，這就是著名的「白鹿洞書院教條」。「白鹿洞書院教條」的第一條就是：「父子有親，君臣有義，夫婦有別，長幼有序，朋友有信。」朱熹揭示：五倫就是讀書人最基本的功夫。

潘維剛女士在二〇〇五年一月份的《講義》雜誌中，發表了一篇〈和孩子站在同高度——父母要培養聽得懂孩子說什麼的能力〉，討論如何建立無礙的親子關係。潘女士認爲生命必須持續的成長，「當小孩出生時，就要準備和他再一次學習成長」。潘女士解釋，父母能夠有再次學習成長，要特別注重日常生活中的分寸，「就是老祖先所講的五倫，父子有親，君臣有義，夫婦有別，長幼有序，朋友有信」。她說，五倫會幫助父母們重新調整對於人、事、物的理解能力，有助於親子關係之間的正確反應。

除了五倫之外，李國鼎先生發起了「第六倫」運動。所謂的「第六倫」，是指「群我」關係，指我們自己與不認識的陌生人的關係。李先生認爲台灣社會人與人之間越來越冷漠，一旦發生事情，就自掃門前雪，公德心也越來越淡薄，因此發起「第六倫」，鼓勵大家守望相助。

單國璽先生接著提出了「第七倫」，就是「敬天」，與上天之間關係的規範。單先生以爲，只要人相信「上天」主宰一切，給人類、萬物制定所有規範，那麼人只要依良心待人接物，就可以得善報。單先生認爲第七倫是「六倫」的基礎，如果大家都認同第七倫，那麼其餘六倫對社會的約束，就會更加有力。

天下之本在國，國之本在家，家之本在身

名句的誕生

孟子曰：「人有恒言[1]，皆曰：『天下國家[2]。』天下之本在國，國之本在家，家之本在身。」

〜離婁章句上

完全讀懂名句

1. 恒言：經常說的話。
2. 天下國家：天子所統御的國度稱為天下，諸侯的封地稱為國，家是指公卿大夫。

語譯：

孟子說：「人們常說：『天下國家。』但是這句話的意義未必大家都知道。所謂天下的根本是奠基於諸侯之國，國的基礎則是在於士大夫家族，家族的根本則是每一個組成分子。」

名句的故事

在人類早期社會，各個部落都是推舉最強大的部族首領作爲領導者，例如鐵木眞被蒙古族人推舉爲成吉思汗。部落領導者是每個都要重新選的，並不是這個領導者的兒子就可以繼承領導部落的權力，這樣的社會是「公天下」，例如堯禪位給舜，也是公天下的一環。

「家天下」據說是從禹開始。公天下的後期，天災不斷，特別是水患，大禹用疏導的方式，解決水患問題，舜就把王位禪讓給禹。大禹過世之後，百姓非常感念他的恩德，因此就讓禹的兒子啓繼承王位，也就是家天下的開始。《禮記．禮運》記述：「今大道既隱，天

下爲家。」這個家就是指家天下。

孟子的這句話：天子的天下、諸侯的國、卿大夫的家，以至於個人，這就是家天下的秩序。根據《墨子．尙同》記載：「治天下之國若治一家。」這個家就是指家族、家庭，猶如孟子所說的「國之本在家」，所以治理一個國家就如同治理一個家族。

《韓非子》則是記載：「社稷將危，國家偏威。」就是指戰國時代天子的社稷危在旦夕，反倒是諸侯士大夫的國家代之而起。之後秦國誅滅六國，造成大一統的局面，就是「帝國」的開始，即「皇帝的國家」，所謂的「天下」就是指皇帝的國家，是皇帝的私人物品，而非是百姓所共有的天下了。

歷久彌新說名句

明末大儒黃宗羲說：「天下之治亂、不在一姓之興衰，而在萬民之憂樂。」（《明夷待訪錄．原君》）所謂的「一姓」是指家天下，也就是指帝王。黃宗羲清楚地把百姓的福祉交付到國家手中，國家的治亂興衰，與誰當皇帝沒關係，而是跟人民生活的憂樂息息相關。因此任何一個坐上皇帝位置的人，都必須以人民的福祉爲最前提的考量。這也就是孟子所說的：「天下之本在國，國之本在家，家之本在身。」如果沒有從最根本關切起，那麼這個天下的根基顯然是薄弱的。所以孟子也才會說：「民爲貴，社稷次之，君爲輕。」（《孟子．盡心》）百姓是最重要的。

唐玄宗開元年間的宰相盧懷愼，爲人清正廉潔。他與唐玄宗談論治國與用人的方法時，舉出黃帝任用風跟力這兩個人，所以天下得以治理；堯之所以能承繼天下，也是因爲任用了稷跟契兩個人；因此「朝廷者天下之本，賢良者風化之源」（《舊唐書．盧懷愼列傳》）。意思是說，朝廷百官的組成素質，是治理天下的根本所在，特別是任用賢良之士，因爲這樣的人臣是教化天下百姓的根本。又例如所謂「人君者朝廷之本也」（《新唐書．卷九》），朝廷百官是天下的根本，那麼皇帝本身就是朝廷最重要的根基。如果沒有一個好皇帝，就不會出現良治的朝廷，也就不會有良治的國家。這就是家天下的特色呀！

陳啓智在〈儒學在全球化進程中的作用〉認爲，孟子說的「天下之本在國，國之本在家，家之本在身」，就是現代人所說的「全球化」的觀念。作者說：「天下是包括本國在內的世界各國之總稱，欲對天下有所貢獻和索取，必先立足本國，本國富強昌盛然後方能自立於世界民族之林，並進而貢獻於天下。」陳啓智倒是給孟子的名句下了一個很好的注解，也擴大了這句話的含意範圍，讓儒家的部分思想能與現代社會的理論相呼應，凸顯出中國人古老的智慧，原來是這樣的深邃。

言非禮義，謂之自暴也

名句的誕生

孟子曰：「言非[1]禮義，謂之自暴[2]也；吾身不能居仁由義[3]，謂之自棄也。仁，人之安宅[4]也；義，人之正路[5]也。曠[6]安宅而弗居，舍正路而不由，哀哉！」

～離婁章句上

完全讀懂名句

1. 非：毀謗。
2. 自暴：自己害自己。
3. 居仁由義：內懷仁愛之心，行事遵循義理。
4. 安宅：安適的住宅。
5. 正路：正當的途徑。
6. 曠：空缺、荒廢。

語譯：

孟子說：「凡是說話詆毀禮義的人，即是殘害自己；自認為無法心懷仁愛之心、行事遵循義理的人，即是放棄自己。仁，是人類最安適的精神住宅；義，是人類最正確的光明大道。荒廢最安適的住宅不去住，捨棄正途不走，真是可悲呀！」

名句的故事

我們常說的成語「自暴自棄」就是從孟子的這句話來的。孟子認爲出言不遜、詆毀禮義，無法執守仁心、遵循義理行事，就是自暴自棄。孟子向來以大丈夫勉勵自己、也勉勵別人，他認爲：「居仁由義，大人之事備矣。」遵從義理、抱守仁德是大丈夫行事的標準，行爲違背禮節、義理就是自暴自棄。

例如孔子的學生子路。初見孔子時，不但頭戴雞毛、目露凶光，一副野人裝扮，還戴著一把長劍隨意揮舞，並且對孔子出言輕浮，一點禮貌都沒有。事實上，子路在拜孔子爲師之前，有「卞之野人」的稱號，很符合孟子所說的「自暴自棄」。後來經過孔子幾次的「收服」，子路終於放下身段，穿起正式的服裝，向孔子行弟子禮，最後成爲孔門中優秀的政治人材。

所以，孟子的自暴自棄比較類似於自甘墮落、不求上進的意義。我們現在所談的自暴自棄，多半是形容遇到挫折之後無法重新振作的人，與孟子的本意有一段差距。孟子認爲，仁義是人類的精神家園，如果捨棄它、荒廢它，就像不走正途一樣，非常地可悲！所謂「懸崖勒馬」，正是孟子這句話的用意呀。

歷久彌新說名句

除《三字經》之外，中國還有一本廣爲傳頌的兒童讀物《弟子規》，相傳是清康熙年間李秀毓所作。書中有句話就是：「勿自暴，勿自棄，聖與賢，可循至。」這就是傳統中國對於兒童啟蒙養正、品德培養的典範標準，也讓後人更加感佩孟子的智慧。

宋朝大詞人陸游則是充分體現居住在「仁」與「義」這樣的精神家園的愉悅，他說：「居仁由義吾之素，處順安時理則然。」（陸游《老學庵筆記》．卷三）陸大詞人顯然把居仁由義當作是自己的日常生活習慣了，他眞的達到了孟子的做人標準，實在是不簡單呀。

話說《紅樓夢》香菱住進大觀園後，急著向黛玉學作詩，沒想到香菱一學，就表現的出類拔萃，讓大夥都稱讚她，她以爲大家都拿她開玩笑。結果探春、黛玉都笑道：「若說我們認眞成了詩，出了這園子，把人的牙還笑倒了呢！」寶玉立刻回道：「這也算自暴自棄了。」原來這個不自暴自棄的寶玉，已經把大家做的詩拿給外面的人看了。

道在邇而求諸遠，事在易而求諸難

名句的誕生

孟子曰：「道在邇[1]，而求諸遠；事在易，而求諸難。人人親其親[2]，長其長[3]，而天下平。」

～離婁章句上

完全讀懂名句

1. 邇：近。
2. 親其親：親愛自己的父母親人。
3. 長其長：尊敬自己的長輩。

語譯：

孟子說：「道理本來在我們的身邊，卻偏偏要向遠處去追求；本來很容易的事情，卻要從難處著手。其實，只要人人都親愛自己的父母，尊敬自己的長輩，天下自然太平了。」

名句的故事

孟子這句話的道理，既淺顯，也見其深意。我們常常捨近求遠、捨易求難，以爲披荊斬棘後所獲得的道理，才是眞正的道理；以爲一定要篳路藍縷後的成就，才是眞正的成就。我們常常說，一個人的心胸有多大，成就就會有多高。寬大的心胸從何而來？其實就是平時的待人接物；能夠成就大事業的能力，也是從平凡的事務，一點一滴所累積起來。

所謂修身、齊家、治國、平天下，修身的道理就是從對待我們周邊的親人、朋友開始做起。孝順自己的父母、恭敬自己的長上，不僅長輩順心，後輩也會模仿這樣的行爲，如此社會人情便可通暢順達，難起爭端，天下自然和

樂太平。這個道理即呼應孟子的另一個觀點：「老吾老，以及人之老；幼吾幼，以及人之幼，天下可運於掌。」（《孟子．梁惠王》）

從孟子當時的社會環境來說，這句話當是奉勸那些想要爭霸天下的諸侯君主，應該先從自己的百姓照顧起，方能得到天下人的歸順，自然就可以平治天下。就像我們現在社會推動各類的「希望工程」，就是期許大家從身邊的小事做起，進而貢獻到社會的每一層面。所以，不要捨近求遠、捨易求難，就是生活的大智慧了。

歷久彌新說名句

明朝理學家王陽明先生，在談及世人對於「道」追求時，他說：「道之大端易於明白，此語誠然。顧後之學者忽其易於明白者而弗由，而求其難於明白者以為學，此其所以『道在邇而求諸遠，事在易而求諸難』。」王陽明認為，「天道」的概念是淺顯明瞭的，只是後世學者都忽略這個簡單的要素，而以為那些難以了解的才是學道，這就是孟子所說的「道在邇而求諸遠，事在易而求諸難」（王陽明《傳習錄》）。

有位學佛的居士在經路上跟大家分享求道的經驗。他是這麼寫道：「上士學道，體之於身。中士學道，索之於言。下士學道，求之於術。學者多而成者少，良由道在邇而求諸遠也。」為什麼「學者多而成者少」？因為眞正能體認出修道必須從自己身心著手的修行者，在於少數，大家都喜歡從身外求法，尤其是哪邊玄妙就往哪邊去，以為那裡才是超凡入聖之處，眞正的悟道是要心性合一，心性也就在我們自身，人人皆有之呀！

戴武光先生在〈我的創作觀念〉一文中說，藝術家創作的題材就在自己的身邊，不應該「道在邇而求諸遠」，舉凡唾手可見的山花、野草、籬邊、厝角、田，埂、瓜棚、鴨群、雞舍等等景觀，都是創作的來源。戴先生認為，要跟著自己的「心」與「眼」的感動而走，自然就會有打動人心的作品出現。

事，孰為大？事親為大

名句的誕生

孟子曰：「事[1]，孰為大？事親為大。守，孰為大？守身[2]為大。」

～離婁章句上

完全讀懂名句

1. 事：侍奉。
2. 守身：保守其身，不使陷於非義。

語譯：

孟子說：「侍奉尊長，哪一項為最重要？當然以侍奉父母親為最重要。操守的事，以哪一方面為最重要？應當以保守自身，潔身自愛不作壞事為最重要。」

名句的故事

孟子以大丈夫為目標，重視養志、養浩然之氣，而日常生活起居的實踐，就是藉由孝順父母與潔身自愛，來達到培養成為大丈夫的目標。孟子認為，能夠潔身自愛、不做壞事，又能孝順父母的人，他是聽過的；而不潔身自愛、去做壞事，卻說可以侍奉父母的這種人，他是沒有聽過的。孟子的意思是，孝順父母是侍奉所有尊長的最基本功夫，潔身自愛則是保守正道的最基本功夫；一個懂得孝順父母的人，自然會怕父母操心，所以定會潔身自愛，不做壞事。如果這兩種功夫都無法實踐的話，是不可能存有正氣，成就為大丈夫的。

孟子以曾參為例，進一步說明侍奉父母，是侍奉父母的心，而不是侍奉父母的口。曾子侍奉他的父親曾晳時，每餐一定都會準備酒肉，曾晳吃完之後，一定會問剩下的要給誰吃；如果曾晳問曾子，還有沒有多餘的菜，曾子一定會說有。曾子就是侍奉曾晳的心，他不讓曾晳對這些事情操心。

反觀曾子的兒子曾元，雖然每餐也都有準備酒肉侍奉曾子，但是曾子吃完之後，他卻從未詢問剩下的食物要給誰吃；如果曾子問他還有菜嗎？曾元則是回答沒有了，如果要吃，再做新的。曾子聽到這樣的回答，往往不好意思要多吃了。曾元只是把曾子的口腹之欲侍奉好，卻沒有侍奉曾子的心意呀！

曾子後來在元朝時被加封爲「宗聖公」，後人簡稱爲「宗聖」。「宗」有根本的意思，也有尊敬、效法之意，此乃推崇曾子的孝行與自身的道德修養，兩者都是做人最根本的功夫。

歷久彌新說名句

對中國人而言，懂得孝順的人自然不會變壞，會潔身自愛，這也是中國人特別推崇孝道的緣故，它甚至成爲朝廷挑選官吏的標準之一，例如漢朝的「孝廉」。而孝道的根源可以追溯到殷商注重祭祖，當時的人認爲祖先會在另一個世界管理「人事」，因此在陽世的子孫還是要繼續侍奉，祖先也會繼續庇祐活著的人。

能事親、能守身的歷史典範很多，例如魏晉「竹林七賢」之一的山濤。史官稱讚山濤說：「若夫居官以潔其務，欲以啓天下之方，事親以終其身，將以勸天下之俗，非山公之具美，其孰能與於此者哉！」山濤做官時對自己的行爲非常約束，既不收受賄賂，也不結黨營私，更從未迫害正直之士，最重要的是他孝順父母，得以導正社會的風氣（《晉書．山濤列傳》）。

最近電視常播送一則新聞：「身體髮膚受之父母，不可毀傷。」未滿二十歲的青年朋友如果未徵得父母的同意，就去刺青，他們的父母可以依據民法，向業者要求賠償，甚至要求爲小孩恢復原貌。這個新聞最大的意義在於告知我們，「孝」已經融入法律當中，作爲一種社會規範。

可以仕則仕，可以止則止

名句的誕生

治[1]則進，亂[2]則退，伯夷也。何事非君，何使非民；治亦進，亂亦進，伊尹也。可以仕[3]則仕，可以止[4]則止，可以久則久，可以速[5]則速，孔子也。

～公孫丑章句上

完全讀懂名句

1. 治：指政治清明之時。
2. 亂：亂世。
3. 仕：為官。
4. 止：結束，此時為退隱之意。
5. 速：快速離開。

語譯：

政治清明時就出來為官，政治污濁時就退而隱居，這是伯夷的作法。什麼樣的君王都可以服侍，什麼樣的百姓都可以領導，無論政治清明與污濁都出來為官，這是伊尹的作法。能出來做官就做官，要退隱就退隱，能堅持就堅持，要快速離開就快速離開，這是孔子的做法。

名句的故事

孟子之所以提出伯夷、伊尹、孔子這些先聖先哲對於爲官的看法，一方面是回答弟子公孫丑的提問，另一方面則不外乎想表明自己的立場，而這個立場便是：並非所有賢哲的作法都是一定正確的，只有像孔子那樣懂得「通變」之道，並且摒持著「無可無不可」的中庸理念，才是自己一直追求的境界。

《易經・繫辭下》對「變通」的解釋是：「變通者，趣時者也。」正因爲「趣時」，所以孔子才會有「無可無不可」（《論語・微子》）的豁達，才會在處於顛沛流離之中、在「不逢時」之時，依然安守自己的本份，然後繼續堅持著自己「教化世人」的理念。也難怪孟子讚孔子爲「聖之時者也」，而朱熹也是那樣高度評價孔子：「知無不盡而德無不全。」

「仕則進於廟堂之上，止則歸隱山林之中」是儒家學者們一向推崇的政治境界，而歸根究柢，這其實就是我們相當熟悉的「兼善天下」以及「獨善其身」思想的發散。而究竟是要「兼善天下」亦或是「獨善其身」，取決的關鍵則在於君王的態度，以及當時具體的政治環境。

不過雖然孔子口中老說「天下有道則見，無道則隱」（《論語・泰伯》）之類的話，雖然一直以來孟子對於孔子的這個思想也推崇備至，但其實不管天下究竟是「有道」還是「無道」，這二位夫子卻依然帶著他們的「救世」思想，繼續「入世」，也繼續他們「知其不可而爲之」的堅持。若非如此，孟子「如欲平治天下，當今之世，舍我其誰也？」之語又怎會說得那樣鏗鏘有力、自信心滿滿呢！

歷久彌新說名句

「可以仕則仕，可以止則止，可以久則久，可以速則速」其實講究的是一種「恰如其分」的態度，也就順應著時勢的變化自如進退，遵循著「有道則行，無道則隱」、「用之則行，舍之則藏」的處世方式。

一生風流瀟脫的蘇軾曾說過：「欲仕則仕，不以求之爲嫌；欲隱則隱，不以隱之爲高。」認爲一切選擇都取決於自己的個性，決不違逆個性適應外在的東西。而三國時西漢的開國元勳留侯張良，在整個破楚亡秦的過程中，奇謀獨運、妙招迭出，爲劉邦建立的漢王朝立下多少汗馬功勞。然而，正當劉邦大封群臣時，張良卻謙恭自讓，自動辭官遠避朝廷，並因此避去一場大禍，正可看出其「當止則止」的智慧與胸懷。

自古中國爲官者大致可分爲三種類型，一類是「不爲五斗米折腰」的陶淵明式「道家隱逸派」，另一類則是「以天下興亡爲己任」的「儒家憂民派」，而第三類則是「寓眞理於嘻笑怒辱」中東方朔式「曲線救世派」。正因爲有著這多種多樣、迥然不同的生活態度及方式，也才造就出中華文化多樣化的燦爛輝煌。

到了今天，「可以止則止」這個句式也開始有所變化，「可以」的含義漸漸淡去，而「應當」之意取而代之，並且可使用的範圍就也更廣泛了。例如用在爲官上，依然還是「當仕則仕，當止則止」；用在書法、繪畫上，則成爲「運筆如行雲流水，當行則行、當止則止」；用在行人過馬路時，「見交通號誌當行則行、當止則止」。

現在，你可以好好想想還有哪些場合或情景，是可以應用「當行則行、當止則止」之類的詞句。

不以文害辭，不以辭害志

名句的誕生

孟子曰：「故說詩者，不以文害辭，不以辭害志。以意逆志，是為得之。如以辭而已矣，〈雲漢〉之詩曰：『周餘黎民，靡有孑遺。』信斯言也，是周無遺民也。」

～萬章章句上

完全讀懂名句

1. 文：文字。
2. 害：這裡指扭曲、破壞。
3. 辭：辭意。
4. 志：本意。
5. 逆：揣測。
6. 雲漢：《詩經・大雅》中的一篇。
7. 黎民：百姓、民眾。
8. 靡有：沒有。
9. 孑遺：孑音jié，ㄐㄧㄝˊ，殘留、獨存。

語譯：

孟子說：「所以解說詩歌的人，不能拘泥於文字而誤解，扭曲詞句的意思，也不要拘泥於詞句而誤解詩人的本意。要用切身的想像、體會去揣度、品味作者的本意，這樣才能真正把握住詩歌所欲傳達的精神。如果只拘泥於字詞表面的解釋，那麼《雲漢》這首詩說：『周朝剩餘的百姓，沒有一個留存。』相信這句話，那就會認為周朝是一個人都不剩了。」

名句的故事

我們現代人看幾千年前的古人所寫的文言文，覺得艱澀難懂，還算是合情合理。令人驚訝的是，即使古人看古人的文章，也有不理解的時候，本篇名句就是孟子的學生咸丘蒙（姓咸丘，名蒙）遇到看不懂的文章時，向老師請教而獲得的解答。

咸丘蒙看到一段《詩經》上的文句寫道：「普天之下，沒有一處不是天子的土地；四海之內，沒有一個不是天子的臣民。」因此覺得很納悶，舜已經做了天子，但舜的父親瞽瞍卻不是他的臣民，這到底是怎麼一回事呢？

孟子聽完他的疑惑，則笑著回答說：「你會錯意了。那句話並不是那個意思。」並教導他說：「不要斷章取義、割裂個別字眼來曲解辭句；也不要因辭句的表面意義歪曲作者本意。要以自己的心意來體會作者的本意，這樣才能眞正體會文章的精神。如果只拘泥於字辭表面的解釋，那麼《雲漢》這首詩說：『周朝剩餘的百姓，沒有一個留存。』相信這句話，那就會認爲周朝是一個人都不剩了。」

然後，孟子就運用他的「讀心術」揣度舜的內心：「舜要說的是，奉養父母難道不算是皇帝管轄範圍之內的事情嗎？但是我卻因爲忙於天下之事，而導致幾乎沒有時間來奉養父母。」

歷久彌新說名句

現代批評理論主張「一千個讀者就有一千個哈姆雷特」，不同的觀賞者會因自己社會時空等背景的差異，而對同一作品有不同的理解、詮釋。比如當皇帝，貴爲天下至尊，萬人之上，他看事情的角度必然跟小老百姓有所差異。

據說清朝康熙皇帝酷愛私下出訪民間、巡視自己的轄地。一天上午，他又心血來潮摘掉金龍冠，脫去黃龍袍，換上一般的長袍馬褂，出門去也。來到懷鎭很熱鬧的一條大街上，街上人來人往、熙熙攘攘，突然皇帝注意到前頭一家小鋪的門前圍著一大群人，於是也上前欲看看熱鬧。

原來是一個後生踩著高凳子在掛「酒望」（舊時酒店用布做成的招牌）。突然人群中有人喊叫：「王兄，酒望掛低了。」顯然掛酒望者姓王。康熙見酒望上寫著「開市大吉」四個字，字鬚飛動，氣勢雄媚，也禁不住暗暗叫聲好。

看完了四個大字，康熙用眼又掃視了一下「酒望」，立刻臉色大變，因爲他看見「酒望」上的落款是「字王」，康熙心底想：「雖說寫得不俗，但是自封起『字王』，也未免太狂妄、目中無人了吧？」

康熙心想教訓教訓這個自稱「字王」的初生之犢，就問掌櫃這位寫字的人平日爲人如何。掌櫃的回答說：「他人很不錯啊，非常認眞上進，謙虛好學，不恥下問，所以才練就一筆好字。」康熙聽完不相信自稱「字王」的人還能不恥下問，當即向掌櫃的要來筆、墨、布在上面龍飛鳳舞地寫上「生意興隆」四個大字，並落款爲「地王」。

掌櫃一看，這字比「開市大吉」寫得還好，立刻讓夥計掛出去，和「開市大吉」對著挑在門前。圍觀的人立即齊聲喝彩：「好字！好字！眞乃神筆也。」康熙聽了，心裏很愜意。猛一回頭，看到那個自稱「字王」的年輕人，正羞慚滿面地摘下自己寫的「酒望」。不一會兒，就見那位「字王」來到他的眼前，態度誠懇，語言和藹，向康熙請教。

而康熙皇帝只冷冷地回道：「你不是字王嗎？字王怎能向人請教書法呢？」「我是字王？誰說的？」年輕書法家摸不著頭緒，只好展開「酒望」，解釋說自己姓「王」名「字」。因爲家裡祖祖輩輩沒有一個識字的，到了他，爲了希望他能夠識字，就取名爲「字」，所以，他的名字才叫做王字。康熙聽完才知道原來是自己老眼昏花，犯了「以文害辭」的錯誤。

養其小者爲小人，養其大者爲大人

名句的誕生

孟子曰：「體[1]有貴賤[2]，有小大；無以小害大，無以賤害貴；養其小者為小人，養其大者為大人。」

～告子章句上

完全讀懂名句

1.體：身體的各部分。

2.賤：地位卑下的。

語譯：

孟子說：「身體有重要的部分，有次要的部分；有小的部分，也有大的部分。不要因為小的部分而損害大的部分，不要因為次要部分而損害重要的部分。護養小的部分的是小人，護養大的部分的是大人。」

名句的故事

孟子說：「養其小者爲小人，養其大者爲大人。」但什麼是大？什麼是小？而養小失大又是什麼樣的一種情況？

喜歡舉例的孟子，仍用例子來比喻說明：「如果有人爲了護養了自己一個手指，卻喪失了整個肩背的功能，自己居然不明白，那他就是個糊塗透頂的人。又比如現在有一個園藝師，放棄培植名貴重要的梧桐楸樹，卻去培植不值錢低賤的酸棗荊棘，那他就是個很蹩腳的園藝師。」

關心照顧微不足道的小事小物，卻忽略、不重視更大更重要的部分，孟子認爲是很遜與不可思議的。爲了一棵樹而喪失整片森林，爲了一根指頭而不顧整個身體，這種事是不是聽起來很愚蠢呢？愚蠢的事還不僅止於此，孟子認爲，如果只知道滿足口腹之慾的人，也是會被輕視的。因爲口腹之慾是小事，品德人格修養才是大事。

孟子認爲滿腦腸肥的人是讓人看不起的，這看法是繼承孔子而來，孔子曾說過：「飽食終日，無所用心的人，很難跟他有什麼好聊的。」但孟子進一步闡釋爲什麼人不能整日只是吃吃喝喝，理由是因爲口腹之慾是小事，至於，相對於吃喝的大事是什麼？孟子在這裡並沒有提及，不過從孟子的其他思想我們可以猜測，應該是指仁義禮智的品格修養。

歷久彌新說名句

毛澤東在《講堂錄》中曾說：「毒蛇螫手，壯士斷腕，非不愛腕，非去腕不足以全一身也。」割掉手腕以拯救、保存身體，在利處當中選擇大利，在害處之中選擇小害。

孔子另有一個弟子叫澹台滅明（字子羽），長得體態不雅，相貌醜陋，孔子因此以爲他資質低下，不會成才。但他從師學習後，回去就致力於修身實踐，處事光明正大，從來不去巴結公卿大夫。後來，追隨他的學生有三百人，聲譽傳遍四方諸侯國。孔子後來感慨地說：「我憑相貌判斷人的品質，對子羽的判斷錯了。」（「吾以貌取人，失之子羽。」）

孔子犯的錯還不只一次。他還有一個學生叫做宰予，能說善道，利口善辯。孔子因此對他印象很好，覺得他會有所發達。但後來孔子漸漸發現，他不但非常懶惰，白天睡大覺；不孝敬父母，沒有仁德；後來還因參與作亂而被殺死。孔子後來感嘆地說：「我憑言語判斷人的品質，對宰予的判斷就錯了。」（「吾以言取人，失之宰予。」）

外貌、言語，都是小者，道德、理想才是大者，我們不能因小失大，當然更不能養小失大。

博學而詳說之，將以反說約也

名句的誕生

孟子曰：「博學[1]而詳說之，將以反[2]說約[3]也。」

～離婁章句下

完全讀懂名句

1. 博學：廣博、廣泛的學習。
2. 反：返回。
3. 約：簡約、簡要。

語譯：

孟子說：「廣博地學習，詳盡地解說，在融會貫通之後，再返歸到簡明要義。」

名句的故事

一個熟讀百科全書，條目倒背如流的人，這樣算是有學問的嗎？孟子認爲不是，充其量只能說是博學，博學而未能有貫通。孟子認爲學習求知必須注意由博返約。他認爲眞正有學問的人，是先「廣博的學習，然後融會貫通」，能深入淺出，這樣才算是眞正有學問的人。又或者學習的最高目標，就是「博學而詳說，將以反說約」。

換言之，孟子認爲讀書絕對不是讀死書或吊書袋，眞的學問，是有能力將複雜的知識，抽絲剝繭，抓住其簡明精要之處，這是高度駕馭知識的一種能力展現。因此，現在我們知道如何去判定一個人究竟算不算有學問，可別被一些喜歡炫耀門楣、班門弄斧的半調子讀書人給呼唬了。博學詳說不是爲了炫耀淵博，故作深刻，而是爲了深入淺出，出博返約。記住孟亞聖的「由博返約」的判準，那些滿嘴聽不懂的深奧語言，大部分都不是眞才實學之士。

歷久彌新說名句

朱熹認爲博學就像蓋房子，地基要打的寬廣厚實，上面的房子才能穩固與輝煌。下面我們就來看看學問大樓的地基要如何打的厚實。

一次，在洛陽的期間，孔子和他的弟子們拜訪萇弘，請教樂的問題，萇弘很敬仰孔子的學問道德，曾經對別的朋友說：「我看仲尼這個人，儀表堂堂，態度謙和，記憶力強，博物不窮，好像見到了聖者興旺的徵象。」

從洛陽回來，孔子的名望更高了，來請求入學的弟子更多，這個時候他是三十歲。有一次魯國的太廟舉行祭祀大典，臨時請他去擔任助理，因爲他沒有做過這種工作，所以每樣事情他都很愼重地請教別的祭師。但卻招來旁人的批評，「誰說孔子懂得禮呢？進到太廟裡什麼都要問。」

孔子的學生子路看到了，也覺得老師怎麼那麼蠢，孔子則解釋：「這一次是太廟祭典，一切需要敬謹，那些儀式雖然我都知道，可是爲了愼重起見，還是樣樣要問個詳細確實，這才叫做禮。」子路恭恭敬敬稱是。孔子又說，順便再告訴你：「知道就說知道，不知道就說不知道，這樣才是眞正的學習。所知有限、不懂並不是可恥的事，不懂而假裝懂，那才是愚蠢又可笑呢！」

換言之，學問的地基要打的厚實除了努力之外，還要「虛心」，別「半瓶水就響叮噹」。再看一則關於學習的笑話，或許可以讓人更體會什麼是「眞學習」、什麼是「假學習」。有位父親看到兒子不肯用功讀書，就用古人好學的故事開導他。他說：「古時候有個叫孫康的人，家裡很窮，沒錢買油點燈，就藉著雪映的光讀書，後來成了大學問家，你應該向古人學習。」兒子聽後，點了點頭說：「我記住了。」過了一些日子，父親來到兒子房間，只見兒子瞪著兩眼望著窗外。他十分生氣地問：「你怎不讀書啊？」兒子回答：「我還在等下雪呢！」

一齊人傅之，衆楚人咻之

名句的誕生

孟子曰：「一齊人傅[1]之，眾楚人咻[2]之，雖日撻[3]而求其齊[4]也，不可得矣；引而置之莊嶽[5]之間數年，雖日撻而求其楚[6]，亦不可得矣。」

～滕文公章句下

完全讀懂名句

1. 傅：輔導、教導、教授之意。
2. 咻：喧嚷、吵鬧。
3. 撻：音，tà，ㄊㄚˋ，用棍、鞭等拍打。
4. 齊：這裡指會說齊國的語言。
5. 莊嶽：齊國的街道名，乃是齊國的繁華之地，在現今山東省臨淄縣北古齊城中。
6. 楚：這裡指會說楚國的語言。

語譯：

孟子說：「如果有齊國的老師教他說齊國的語言，卻有許多楚國人在旁邊用楚語吵鬧，就算是每天鞭打他、要求他學齊語，是不可能的事情。但是把這個孩子送到齊國最熱鬧的莊嶽去住幾年，每天鞭打他要求他說楚國語言，他也不可能說楚語。」

名句的故事

擅用故事、比喻來說理的孟子，這次的對象是宋國大夫戴不勝。戴不勝想要舉薦宋國的一個大善人薛居州，去輔佐宋王行善，他想聽聽孟子的看法。孟子先反問戴不勝：「如果有一個楚國的大夫，希望自己的兒子會說齊國的語言，是請齊國人教他，還是請楚國人教他？」戴不勝回答說：「當然是請齊國人來教他。」

孟子又問：「如果有了齊國的老師教他說齊語，卻有許多楚國人在旁邊用楚語吵鬧，就算是每天鞭打他、要求他學齊語，是不可能的事情。但是把這個孩子送到齊國最熱鬧的莊嶽去住幾年，即使每天鞭打他要求他說楚國語言，他也不可能說楚語了。」

孟子舉這個譬喻，是說明環境對於一個人的影響。戴不勝以爲只要把大善人薛居州安排到宋王的身邊，宋王就會跟著行善，卻忽略百官當中如果只有一個善人，那麼區區一個薛居州，如何能成大局呢？因此孟子奉勸戴不勝，如果希望君王有所作爲，就要讓君王多接近賢人，遠離小人，國家自然會上軌道。

所謂近朱者赤、近墨者黑，就是這個道理。而後人就用成語「齊傳楚咻」，比喻情勢孤立、無法與現實抗衡；或用「一傳眾咻」來形容學習受到干擾、成效不佳，比諭環境對人的影響力。

歷久彌新說名句

咸豐二年被拔擢爲雲南巡撫的吳振棫，其任務就是剿平雲南回亂。他隔年上疏建言，需要有相當的人才帶領剿匪的士兵，所以希望能夠破格拔用胡林翼、江忠源。他建議朝廷授與這兩個人二、三品的官職與任務，以激發出他們才幹，因爲如果只是把他們放在一般的士兵裡面，就像是「分效馳驅，一傳眾咻」，即各自發展、受到擾亂，便無法成材（《皇朝經世文續編》〈密陳賊勢愈熾勦賊需人疏〉）。吳振棫不僅有識人之才，在擔任巡撫期間，對於平定回亂也有極大的功勞。

有個中學生在網路上發表了他讀完流氓教授林建隆傳記的感想。他這樣寫道：「在這樣一傳眾咻的惡劣環境中，林建隆博士卻能以百折不撓的堅毅勇氣，加上旺盛的奮發向上意志，終能突破重圍，迎向光明。」林建隆教授從礦工的兒子、流氓管訓中，力爭上游，值得我們學習；這個中學生把「一傳眾咻」的成語用的很好，也值得我們學習。

觀近臣，以其所爲主

名句的誕生

孟子曰：「吾聞觀近臣[1]以其所為主，觀遠臣[2]以其所主，若孔子主癰疽[3]與侍人[4]瘠環[5]，何以為孔子！」

～萬章章句上

完全讀懂名句

1. 近臣：在朝的臣子。
2. 遠臣：外省的臣子。
3. 癰疽：人名，也有寫作雍渠、雍鉏、雍雎，衛靈公寵倖的宦官。
4. 侍人：侍奉君王的人。
5. 瘠環：人名，齊景公寵倖的宦官。

語譯：

孟子說：「我聽說過，觀察在朝的臣子，看他所接待的客人是什麼樣子；觀察外來的臣子，看他所寄居處的主人是什麼樣子。如果孔子寄住在癰疽和僕人瘠環家裏，把他們當作主人，怎麼還能算是孔子呢？」

名句的故事

一日，孟子的學生萬章不知道從哪邊聽說了孔子在衛國所發生的事情，因此像是發現偉人秘密似的興沖沖跑去問孟子：「有人說，孔子在衛國的時候住在衛靈公所寵幸的宦官癰疽的家裡；在齊國，又住在宦官瘠環家裡，有這回事嗎？」

孟子說：「不，不是這麼回事，這是好事者編造出來的。」又說：「當時孔子在衛國寄住在讎由家，彌子瑕的妻子與孔子的學生子路的妻子是姐妹。受衛靈公寵愛的彌子瑕曾對子路說：『孔子來住在我家，衛國卿的職位就可以得到。』子路把這話告訴給孔子。孔子說：『由命決定。』孔子做官與不做官，根據禮義行事，能不能得到官職，說要『由命決定』。如果寄住在癰疽和宦官瘠環那裏，這便是無視禮義、命運了。」孟子讚賞孔子能夠拒絕住在衛國瘍醫癰疽和齊國太監瘠環的家裡，也能夠抵抗美男子彌子瑕的誘惑。

由孔子住的地方，孟子延伸出來上面那一段話：「想瞭解一個人的品行、道德如何，只要他觀察接待的客人是什麼樣的人，或者如果他是外省的臣子，就觀察他借住的地方的主人是什麼樣子，就可以瞭解他是什麼樣的人了。如果孔子是那種會寄住在癰疽和宦官瘠環家裏，把他們當作主人的人，那麼孔子還會成爲孔子嗎？」

其實，孟子要說的，也就是「近朱者赤，近墨者黑」的類似道理，如果孔子總是和像癰疽、瘠環這類的人混在一起，怎麼可能會變成大聖人呢？

歷久彌新說名句

無論古代或現代，對於人際交往、人際關係都非常重視，和什麼樣的人混在一起，就會變成什麼樣的人，因此不可以不小心謹慎。一手讓秦國強盛壯大的商鞅，只爲了想要讓自己有展現才華的機會，找了名聲不是很好，但卻是秦孝公寵臣的美男子景監，幫他引介。連這樣子的短暫交往，都會被歷史家司馬遷給記上一筆，說他「因由嬖臣」（嬖臣：受到寵幸的近臣），做了污辱自己的事情。

而不只是一般人可以透過他招待的客人，與去作客的主人，來判定這個人的正直與否。就連萬人之上的國君，會接近、任用什麼樣的人才、臣子，不僅會影響他的功業，也會影響他的品德。秦國不只是在戰國時期曾經奮發圖強、廣納賢才，早在更之前的春秋時期，秦穆公就曾經做過洗心革面的動作，欲生聚教訓，把秦國變成一等一的國家。想要富國強兵，其中一個很重要的條件就是人。於是具有遠見卓識的秦穆公，廣納賢才不分尊卑貴賤界限，甚至選用別國前來投奔的人，還重用已經是七十多歲老翁的百里奚。

百里奚是春秋時虞國人，年輕時因爲家貧，去替人家放牧牛羊，後來在虞公手下任職大夫。晉獻公滅虞後，百里奚和虞公都被俘虜。當時正好秦穆公向晉國求婚，晉獻公就把百里奚當作陪嫁的奴隸送給秦國。百里奚覺得很委曲，就趁機逃跑了，結果竟被楚國的人逮捕。秦穆公聽說百里奚是一個很賢能的人，就用五張黑羊皮贖回百里奚。雖然百里奚已經七十歲了，秦穆公仍然非常恭敬地向他請益國事，百里奚說：「我是亡國之臣，哪值得請教呢？」秦穆公說：「虞公沒有重用先生，所以才亡國的；這不是先生的過失啊！」兩個人談了三天，秦穆公非常欣賞他，請他爲相。幾年以後，秦國就成爲春秋五霸之一。因爲百里奚是用五張黑羊皮贖回的，秦國的人就稱他爲「五羖大夫」。

秦穆公接近一位七十老翁，而漢獻帝時的名士蔡邕則是接近一位十四歲的年輕人，把他奉爲上賓。有一次，蔡邕家裏賓客滿堂，忽然僕人進來稟報有一位叫王粲的人在門外，蔡邕慌慌張張跑出去迎接，把鞋都穿倒了（「倒屣相迎」）。大家見到這個讓主人手忙腳亂的客人，居然只是個十幾歲、身材弱小的孩子，都大感驚訝。蔡邕則補充說：「這孩子資質卓越，我都比不上。我還要把家裏的藏書文章都送給他。」（「此王公孫也，有異才，吾不如也。吾家書籍文章，盡當與之。」（《三國誌》）

由秦穆公與蔡邕所接待的客人，我們應該可以知道這兩個主人也是氣度非凡、超越俗見的智者。

資之深，則取之左右逢其原

名句的誕生

孟子曰：「君子深造[1]之以道[2]，欲其自得之也；自得之，則居之安；居之安，則資[3]之深；資之深，則取之左右[4]逢[5]其原[6]。故君子欲其自得之也。」

～離婁章句下

完全讀懂名句

1. 造：培養。
2. 道：方法、道理。
3. 資：積累、蓄積。
4. 左右：身之兩旁。
5. 逢：遭遇、碰上。
6. 原：同「源」，本也，水之來處。

語譯：

孟子說：「君子遵循一定的方法來加深造詣，是希望自己有所領悟。自己有所領悟，掌握得就比較牢固；掌握得牢固，就能夠積累深厚；積累得深厚，便能取之不盡。所以，君子總是希望自己有所領悟。」

名句的故事

戰國時期知識蓬勃發展，對學習也特別感興趣，也連帶尊師風氣也盛行。與此相應，還出現了專門維護師道尊嚴的文章〈弟子職〉。而孟子對學習也很有自己的心得和看法，他認爲學習不只是用功就可以的，還要講究方法。

孟子認爲學問的根基要紮實，要能左右逢其源，隨手拈來都是學問，必須透過「自得」。所謂自得，指的是透過自己親自去體會、領悟，這種透過「自得」的知識，才能掌握牢固；而能「掌握得牢固，就能夠積累深厚；積累得深厚，用起來就能夠取之不盡、運用自如」。

如果不是透過「自得」而來的知識，其實只是一種類似背誦式、塡鴨式的死知識，這樣的知識沒有體會、沒有反思，只是外在的知識，而不是自己的知識，也很難能夠舉一反三、左右逢源。

孟子主張眞正經得起考驗的知識，是不拾人牙慧，不人云亦云，而是以自己的獨到體驗來獲得屬於自己的親知，從而提出自己的思想觀點。而任何知識的獨創性，正是來源於這種「自得」的昇華。孔子說：「古之學者爲己，今之學者爲人。」任何的學習，不但是要透過親自領悟，也是爲了自己，而不是爲了外在的裝飾或功名。

歷久彌新說名句

愛因斯坦曾說：「興趣是最好的老師。」有了興趣，就會發自內心的學習、求知，發自內心的眞心學習、體驗，就是自得。即使是大聖賢孔子，在學習的時候，也還是像小學生一樣認眞。

孔子曾經向師襄子學習彈琴，一連學了十天，也沒增學新曲子。師襄子說：「可以學些新曲了。」孔子回答說：「我已會彈此樂曲了，但還沒有熟練地掌握彈琴的要領。」過了一段時間，師襄子又說：「你已掌握彈琴的要領了，可以學些新曲子。」孔子說：「我還沒有領會樂曲的內涵。」又過了一段時間，師襄子再次對孔子說：「可以學些新曲了。」孔子說：「我還沒有體會出作曲者是怎樣的一個人。」不久，孔子顯得肅穆沈靜，深思著什麼，接著又心曠神怡，顯出視野寬廣、志向高遠的神態，說：「我體會出作曲者是個什麼樣的人了，他的膚色黝黑，身材高大，目光明亮而深邃，好像一個統治四方諸侯的王者，除了周文王又有誰能夠如此呢？」師襄子恭敬地離開位置，給孔子拜了兩拜，說：「我老師告訴過我，這是〈文王操〉的曲子。」（〈文王操〉相傳是周文王所作的琴曲名。）

看到孔子學習的時候居然這麼認眞，不禁讓人有點動容與肅然起敬。連他這麼優秀的人都還這麼認眞學習，更何況我們這些資質平庸的人呢。更讓人驚訝的是，不只孔子，還有清朝的康熙皇帝也是好學一族。十七、八歲時，讀書過勞，以至於咳血，但康熙仍不肯休息。三十一歲首次出門下江南旅遊，仍然手不離書，到了夜半三更，仍不廢讀。甚至，正當國家快丟了的三藩之亂的當時，翰林院奏請休息幾日進講，康熙皇帝都不答應，理由是他認爲：「讀書一卷，即有一卷之益；讀書一日，即有一日之益。」

學問之道無他，求其放心而已矣

名句的誕生

孟子曰：「仁，人心也；義，人路也。舍其路而弗[1]由[2]，放[3]其心而不知求，哀哉！人有雞犬放，則知求之；有放心，而不知求。學問之道無他，求其放心而已矣。」

～告子章句上

完全讀懂名句

1. 弗：不。
2. 由：走、經過。
3. 放：放任、失去。

語譯：

孟子說：「仁是人的本心；義是人的大道。放棄大道不走，失去本心而不知道尋求，真是悲哀啊！有的人，雞狗丟失了倒曉得去尋找，本心失去了卻不曉得去尋求。學問之道沒有什麼，不過就是把失去的本心找回來罷了。」

名句的故事

孟子所處的戰國時期比起孔子所處的春秋時代，是一個更徹底的肉弱強食，勝者爲王、敗者爲寇的時代。如果孔子在各國還會維持表面仁義禮治的春秋時期，都無法受重用、推行仁道，而必須回家寫書，那麼孟子的仁義之說就更被當成是外星人的語言，連聽都聽不懂了。

不過，固執的孟子還是堅持只用一種語言，他說：「仁是人的本心；義是人的大道。放棄大道不走，失去本心而不知道尋求，眞是悲哀啊！有的人，雞狗丟失了倒曉得尋去找，本心失去了卻不曉得去尋求。學問之道沒有什麼，不過就是把失去的本心找回來罷了。」

如果心沒了，縱使擁有全天下的財富，也是沒有多大的意義。因此，孟子認爲，找回自己散逸的心是一切學習的開始。而孟子也不懂爲什麼，人如果丟了任何再小的東西，都會著急的想立刻去找回來。可是丟了像「心」（善心）這樣貴重的東西，卻反而一點都不在乎。

歷久彌新說名句

東漢中期以後，朝政腐敗、官吏貪污。但是在安帝時，享有「關西孔子」美譽的楊震，即是當時的一股清流。某日他被任命爲太守，在赴任途中時，縣令王密突然來訪，因爲他與楊震曾有師生情誼，因此秉燭暢談至深夜；突然王密從懷中取出十斤黃金，並稱僅是感念楊師之教誨，而別無他意，不料楊震卻回答說：「你應該把這份心意回報給朝廷、百姓才對。」但王密仍然賴皮地說：「現在是深夜，不會有別人知道此事的，你還是收下黃金吧！」楊震一聽站起來，大聲喊叫道：「天知、地知、你知、我知，怎麼說沒有人知道呢？」王密聽了當場愧得無地自容，尷尬地離去了。後來人們就稱楊震爲「四知」先生。這位「四知」先生的心，即使在晚上，也沒有暫時遺失不見。

被孟子罵「拔一毛而利天下，不爲也」的楊朱，雖然派別不同，但對於「找放心」卻有相類似的看法。有一次，楊朱的鄰居丟失了一頭羊，他就帶著親戚去尋找，後來又請楊朱的家僮一起去追羊。楊朱問：「只不過丟了一隻羊，爲甚麼要這麼多人去追呢？」鄰居說：「因爲岔路實在太多了。」過了一會，家僮回來後，楊朱問：「尋到了沒有？」家僮說：「沒找到。」楊朱又問：「這麼多人去找，爲什麼還被牠逃掉呢？」那些人懊惱地說：「岔路中又有岔路啊！我們不知道羊的去向，所以只好回來了。」楊朱聽了後悵然若失地說：「那麼人的心是否也會因爲岐路太多，而找不回來呢？」而「歧路亡羊」也變成很有名的成語，比喻事物複雜多變，如果沒有專心致志、沒有正確方向就會誤入歧途。

雖有惡人，齋戒沐浴，則可以祀上帝

名句的誕生

孟子曰：「西子[1]蒙[2]不潔[3]，則人皆掩鼻[4]而過之。雖有惡人[5]，齋戒沐浴[6]，則可以祀上帝。」

～離婁章句下

完全讀懂名句

1. 西子：指春秋時越國美女西施，這裡以她代指美女。
2. 蒙：遭受、遭遇。
3. 不潔：污穢之物。
4. 掩鼻：遮蓋住鼻子。
5. 惡人：貌醜之人。這裡主要是與西子的美麗相對。
6. 齋戒沐浴：在祭祀或舉行重要典禮之前，沐浴更衣，不飲酒，不吃葷，夫妻不同房，嚴守戒律，以示虔誠莊敬。

語譯：

孟子說：「就算是像西子這樣的大美人，如果她沾染上污穢惡臭的東西，別人也是會趕緊捂著鼻子逃開。雖然是一個面貌奇醜的人，如果他吃素淨身，則也同樣可以祭拜上帝。」

名句的故事

本篇名句孟子主要是要說明「內在美」比「外在美」還重要。不過，即使像孟子這樣正直嚴肅的人，還是曉得大美女西施這一號人物的存在，因此以她爲例說明。

孟子用對比的方式說：即使像西施這樣的大美女，如果不洗澡不洗頭、邋邋遢遢的，那麼即使臉長的再妖嬌動人，路人見了，還是會一邊捂鼻，一邊快步逃開。不過不知道是因爲當時沒有像鐘樓怪人加西莫多這樣著名的醜人，舉例大師在這裡就舉不出例子來，就只泛稱「惡人」。他說：但即使面貌醜陋之人，如果他每天吃素淨身、修養自己，則上天一樣會接受他的祭拜，並爲他祝福。

其實，面惡、面美與心善、心惡，不必然是相關連的。面惡既可以心惡、也可以心善，畢竟，外在美是先天的，而內在美才是由自己來決定和掌控，可以選擇讓它變得美或不美。總之，要當一個路人避之唯恐不及的蒙不潔的西子，還是當一個可以祭祀上帝、人人喜愛的鐘樓怪人，這抉擇應該不難、無需太多的掙扎吧。

歷久彌新說名句

若說西施（西子）是中國四大美人之一，那麼戰國時齊國的無鹽女鍾離春可說是中國四大醜女之一。她皮膚如漆、卯鼻結喉、長相奇醜，年過四十尚未嫁人。一天，她跑去找齊宣王，要求服侍他。齊宣王後宮佳麗三千，國色天香比比皆是，見到如此膽大的一個醜女，一時忍不住掩口大笑。不料，鍾離春卻神色自若，一本正經地說道：「危險啊！危險啊！」

齊宣王這才止住笑不解地問她：「何事危險呢？」膽識過人的鍾離春於是不慌不忙、有條不紊地分析時政起來，她列舉出齊國存在的四大隱患，並指出如何一一整治，聽得齊宣王目瞪口呆，醍醐灌頂而肅然起敬，於是眞的下令娶她爲妻，迎爲王后。

這種「面惡心美」的故事還眞不少。《韓非子》一書曾記載一個關於美與醜的故事。拔一毛利天下而不爲的楊朱有一次經過宋國東部一家旅店，旅店老闆有兩個侍妾，一個長得很美，一個卻長得很醜，楊朱以爲那個美麗的一定比較得老闆的寵愛，後來，他才發覺他完全錯了。

經過他仔細詢問，才知道原來那個長得美麗的，雖然空有美麗的外貌，性情卻十分驕縱、傲慢，可能是自恃其美吧，態度總是蠻裡來、橫裡去，像是別人都對不起她似的。反觀那個醜妾，雖然容貌不好，卻有謙和的性情，總是溫柔待人，因此客人都很喜歡她，而主人也是對她疼愛有加。楊朱知道了就對轉頭對弟子們說：「行善事，卻不存著行善之心，這樣做很難能夠不受人喜愛的。」（「行賢而去自賢之心，焉往而不美。」

有一則網路上的笑話也跟美醜有關，西湖是中國十大美景之一，但是一旁卻出現了醜陋的高聳水泥建築，來到這裡的遊客都比手畫腳地批評這個建築的醜陋，其中一位文人模樣的遊客看到後則很斯文地說出：「西湖有了這樣個建築，眞可謂『西子蒙不潔』！」

大孝終身慕父母

名句的誕生

孟子曰：「人少[1]則慕父母，知好[2]色，則慕[3]少艾[4]。有妻子則慕妻子。仕[5]則慕君。不得[6]於君則熱中。大孝終身慕父母；五十而慕者，予於大舜見之矣。」

～萬章章句上

完全讀懂名句

1. 少：去聲，年輕的時候。
2. 好：去聲，喜歡。
3. 慕：愛慕，依戀。
4. 少艾：艾，美好也；少艾，指年輕美貌的人。
5. 仕：當官。
6. 不得：失意的意思。
7. 熱中：躁急心熱的意思。

語譯：

孟子說：「人在年幼的時候，愛慕父母；懂得喜歡女子的時候，就愛慕年輕漂亮的姑娘。有了妻子以後，便愛慕妻子；做了官便愛慕君王，得不到君王的賞識信任，便心裡焦躁難受。不過，最孝順的人是終身都愛慕著父母的。到了五十歲還愛慕父母的，我在偉大的舜身上見到了。」

名句的故事

舜是古代著名的皇帝，他不但是個好皇帝，而且還是個孝子，但是他父親、繼母並不喜歡他，所以他常常不快樂，一個人跑到田裡面哭泣。

即使他已經獲得了天下，這是人人想得到的，但卻不足以消除他的憂愁；即使堯把自己的兩個女兒許配給了舜，這是人人都很羨慕的，但仍然是無法讓他快樂起來。爲什麼呢？就是因爲舜一直無法討父母的歡心，因此，總是一輩子心裡懊惱著，像是走投無路的人找不到歸宿似的。

因此孟子就大大稱讚了舜一番：「具有最大孝心的人，是能終身都眷念著父母的。到了五十歲以後還眷念父母的，我在偉大的舜身上看到了。」

舜的孝順確實前無古人能比、後無來者可追，稱之爲大孝，實至名歸。他的父親瞽瞍受到舜後母與其他子女的影響，竟然全家人聯合起來三番兩次要陷害舜。不是叫他去掘井，然後落井下石，就是叫舜去修屋頂，然後放火燒屋。但是舜不但不生氣，還覺得是自己的問題，才讓父母討厭的，反而更加孝順。這樣的大孝難怪聖人孔子亞聖孟子，都要豎起大拇指，讚不絕口了。

歷久彌新說名句

據說翻譯赫胥黎的《天演論》的嚴復也曾經寫了一篇「大孝終身慕父母論」的文章，而受到當時福建船政大臣沈葆禎的賞識，以第一名進入福建的馬江船政學校，可見孝道一直是中國文化裡很重要的一部分。孝道是由儒家所大力倡導鼓吹的，孔子一邊推行孝道，一邊當他的大司寇時（大司寇是處理司法之官），有人就編排出這樣一個挑戰：讓孔子遇上一件「父不慈、子不孝」的案件。

這天，孔子來到大堂，剛剛坐定，門外就傳來一陣吵嚷聲。底下的人報告說：「外邊有父子倆來告狀，是父告子、子告父。」這一老一少破衣爛衫、灰頭土面，到大堂，便吵吵嚷嚷地爭著訴說。孔子臉一沈道：「父不父、子不子，成何體統，老者先說。」那少者趕緊閉了嘴，低下頭聽老者陳述。

原來，這一老一少家裡只有他們兩個人，老者貪嘴、少者懶惰，家中一貧如洗，爺倆常常爲了吃喝問題而爭吵打鬧。這一幕，早上又上演一次，結果就拉拉扯扯鬧上了公堂。

孔子聽了，又氣憤又無奈，走下大堂，在窗前沈思了片刻，然後下令：「把他倆都給我關進大牢裏去。」告狀的爺倆想讓孔子給個公平合理的判斷，沒想到不分青紅皀白就要投進大牢，雙雙連喊：「冤枉！」但只見孔子對衙役們說：「把老頭子押進新牢，把年輕的押進舊牢，不準給飯吃。」

老者被關在新牢裏，一個勁地唉聲歎氣。突然，梁頭上傳來一陣嘰嘰喳喳的叫聲，原來是一窩燕子，老燕子銜小蟲從牢窗裏飛進來，餵給雛燕。老燕子從早到晚，飛進飛出，從不間斷。老者一邊餓的昏頭轉向，也一邊看得入了神。

而兒子待的舊牢裏，又暗又潮。少者趴在窗口，看見院中央有棵大槐樹，樹上有個老鴰窩，小老鴰正給老老鴰餵食。原來老老鴰生下小老鴰十八天眼睛就瞎了，無法覓食，於是小老鴰就負起餵養的任務。這樣一連看了三天，老老鴰「呃呃」的叫聲，讓兒子不禁想起還待在牢裡的父親也沒飯吃呢。

第四天，孔子升堂。從牢裏提出老者和少者，這爺倆一見面，在大堂上抱頭痛哭，一旁的衙役們個個丈二金剛摸不著頭腦，只有孔子自己心裏清楚，臉上微微露出了笑容。姑且不論這個故事的眞實性，但是孝道對中國人的影響可是從此無遠弗屆。

古今關於孝道的故事，多得說不定，關於孝道的笑話，這裡倒是附上一則。有一位糊塗縣官，要判處一個打家劫舍兼殺人的大盜，縣官看案卷，查知該犯人之父三年前因爲謀財害命而被斬首，當下立即下堂，將大盜扶起，並向其跪拜，眾人大驚，以爲縣官神智不清了，只見縣官琅琅說道：「儒家說『三年無改父之道，可謂孝矣！』令尊死了三年，如今你繼續爲盜，不改父志，可算孝子，可敬可敬！」

仰不愧於天，俯不怍於人

名句的誕生

孟子曰：「君子有三樂，而王天下不與存焉。父母俱存，兄弟無故[1]，一樂也；仰不愧於天，俯不怍於人，二樂也；得天下英才而教育之，三樂也。君子有三樂，而王天下不與存焉。」

～盡心章句上

完全讀懂名句

1. 事故、災患。

語譯：

孟子說：「君子的樂趣有三種，但是統治天下並不在其中。父母都健在，兄弟無災患，是第一種樂趣；抬頭無愧於天，低頭無愧於人，是第二種樂趣；得到天下的優秀人才並對他們進行教育，是第三種樂趣。君子有三種樂趣，但是統治天下並不在其中。」

名句的故事

在史記中，司馬遷寫到孟子，就嘆道：「余讀孟子書，至梁惠王問何以利吾國，未嘗不廢書而嘆。」接著又說：「利，誠亂之始也。」利益二字，即是混亂的根源；司馬遷有此感嘆，更何況身處於功利為主的戰國時代的孟子？然而，在這個混亂的時代中，孟子總是反其道而行，不談利，只談道德、談人性。孟子認為，人要求自我實現，就要對社會做出貢獻。但若有志難伸，無路可走時，又該怎麼辦？孟子要我們追尋內在的力量。

於是孟子說，真正的快樂未必完全是靠外在

成就，比當帝王更快樂的事有三樣：父母俱存，兄弟無故；仰不愧於天，俯不怍於人；得天下英才而教育之。在這三樣快樂中，一是取決於天意，一是取決於他人，唯有第二樣是只要反求諸己，人人都能做到的。孟子更進一步說：「反身而誠，樂莫大焉。」孟子提出的三件樂事，看似簡單，卻是追求人生充實與快樂的內涵。

孟子亦跟孔子一般，是個以教育英才爲樂的好老師。孔子「有教無類」，孟子則說：「君子之所以教者五：有如時雨之化者，有成德者，有達財者，有私淑艾者。此五者，君子之所以教也。」顯然，孟子是將教育與家庭平安、心胸坦然並列，甚至超過王天下。

這是一種道德實踐的自樂之道，正如同顏回的「居陋巷，不改其樂」，內心對道德實踐的喜悅，與外在環境是無關的。孟子雖認爲士人亦應該回饋社會，造福人民，但不應依賴政治；事實上，這君子三樂正是孟子一生奉行的寫照。

歷久彌新說名句

「仰不愧於天，俯不怍於人」後來衍伸出「俯仰無愧」、「當之無愧」、「問心無愧」等成語，皆有立身端正，上對天、下對人皆無愧於心的意思。《鏡花緣》中說：「對得天地君親，就可俯仰無愧。」抬出「天地君親」，頗有指天立誓之感，更讓人感到說這句話的人坦蕩蕩的胸懷。

曾說「新聞就是求生存」的新聞界大老王洪鈞先生，向來是個樂觀務實的人。有一回美國新聞自由調查團來訪問，當時英文仍不甚靈光的王洪鈞舉手發問，事後卻遭同學轟笑，但他不以爲意。「我心中卻認爲只要他聽得懂，我俯仰無愧。」做事自信滿滿的王洪鈞始終相信，成功的先決條件是肯定自己。

人生有各種目標，每個人得扮演各種角色，如何算是完成？如何才能扮演得稱職？我們無法對自己下評斷，能自我要求的，唯有「俯仰無愧」了。

人之患，在好爲人師

名句的誕生

孟子曰：「人之患1，在好2為人師。」

～離婁章句上

完全讀懂名句

1. 患：害處、短處、毛病。
2. 好：去聲，喜歡。

語譯：

孟子說：「一個人最大的毛病，在於喜歡作別人的老師。」

名句的故事

孔子曾經說過：「自行束脩以上，吾未嘗無誨焉。」（《論語・述而》）只要弟子願意學習，並準備簡單的拜師禮物，孔子就願意教誨他。孔夫子如此的「誨人不倦」，甚至可以說他「好爲人師」，爲什麼到了孟子的口中，「好爲人師」就變成了「人之患」呢？

「人之患，在好爲人師」的主角在於這個「好」字，之所以會「好」，癥結始於「自以爲是」的毛病，無關乎「能力」是否眞正可以爲人師。孔夫子當然不是因爲收到學生的禮物，就決定收人家爲弟子，而是重視弟子本身的好學態度，孔夫子的能力也實可以廣收學生。但是，好爲人師者，講的是一個人不謙虛、自以爲是、喜歡指導別人，用現代話來形容就是「半瓶水響叮噹」。

朱熹在《孟子集注》中，引用王勉的話來詮釋：「王勉曰：『學問有餘，人資於己，以不得已而應之可也。若好爲人師，則自足而不復有進矣，此人之大患也。』」意思是說，求知、求學的目的在於豐富自我，不得已的情況下才拿出來應對他人，如果喜歡作別人的老師，則容易自我滿足而不會求進步，這就是人的最大毛病了。因此，孟子這句話的意思其實是提醒我們，為學做人要保持謙虛的態度。

歷久彌新說名句

清朝《廿二史考異》的作者錢大昕，寫了一篇文章〈與友人論師書〉，便對「人之患，在好為人師」有所反省。他說：「古之好為師也以名，今之好為師也以利。」意思是說，古人因為求名聲所以喜歡作別人的老師，現代人（指清朝）則是因為利益所以喜歡作別人的老師。文章中，錢大昕自己也承認，年輕時也有追求名聲的念頭，後來便引以為戒，即使是有利可圖，也不敢去做。

二〇〇一年香港的《蘋果日報》刊登了一篇署名李怡的文章〈跑步之喻〉，內容提及董建華問台北市長馬英九先生，為什麼他的民調可以高達七成，當時有人開玩笑地替馬市長回答說：「多打籃球，多跑步！」作者李怡認為這是很有道理的。他說：「在絕對權力的體制下產生的首長，難免會陷入柏楊所說的『三作牌』。『三作牌』就是『作之君，作之親，作之師』，總是要做高高在上的『皇上』，做人民的長輩，做『人之患』，即『好為人師』。」李怡認為馬市長常打籃球、常跑步，表現出與民眾一樣的生活作息，而非好為人師，他像是市民的朋友，因此才會得到如此高的民調。

在《慈濟月刊》三八五期中有這樣一個小故事〈泰雅族姆姆〉。作者許禮安醫師這樣寫道：「所謂『人之患在好為人師』，以前總是自認為：『我是醫師』，聽到有人叫『醫生』，還有點覺得被貶低了地位。從事安寧療護工作之後，才深刻體會到：在死亡面前，我什麼都不是，病人才是老師，我只是學生。」不論你是什麼樣的「師」，你所面對的對象，才都是你真正學習的源泉，也是我們獲得生命動力的來源。

今茅塞子之心矣

名句的誕生

孟子謂高子[1]曰：「山徑之蹊間[2]，介然用之[3]而成路。為間[4]不用，則茅塞之矣。今茅塞[5]子之心矣。」

～盡心章句下

完全讀懂名句

1. 高子：齊國人，原為孟子的學生，後來因故離開。
2. 山徑之蹊間：徑，小路；蹊，人走出來的小路。山徑之蹊間，指山邊的小路，寬度只容許一個人行走。
3. 介然用之：介然，指意志專一不旁騖，在此延伸為「經常」之意。用，行走。介然用之，即常常去走。
4. 為間：沒多久。
5. 茅塞：被茅草所塞住。

語譯：

孟子對高子說：「山間小路，即便只容許一個人行走，只要常常去走，也會變成一條大路，但只要過一段時間沒去走動，道路就會被芒草給塞住了。現在，茅草已經塞住了你的心了。」

名句的故事

此章乃是孟子勸高子求學要有恆心，絕對不可一暴十寒、中途而廢。同樣在〈盡心篇〉，孟子也說過類似的話，「有爲者，辟若掘井，掘井九軔而不及泉，猶爲棄井也」，意思是挖井挖得再深，沒挖到泉水就放棄，這口井依然是一口廢井。

從「今茅塞子之心矣」衍生的成語，則是意義相反的「茅塞頓開」。因爲，如果沒有「茅塞」，又如何「頓開」呢？於是有論者認爲，儒家本身是一種「解敝」之學，即爲「解除蒙蔽之學」。

荀子也認爲解蔽，是學子的重要課程。但他特別指出，蒙蔽是多方面的，「欲爲蔽，惡爲蔽，始爲蔽，終爲蔽，遠爲蔽，近爲蔽，博爲蔽，淺爲蔽，古爲蔽，今爲蔽」。於是學習與思考也必須多元化，才能破除各方面的蒙蔽。

然而，孟子這段話卻也造成歷史上一段著名的文字獄。作家金庸的先祖查嗣庭，在江西任考官時，便以此章作爲考題之一，雍正皇帝認爲是在說他壞話，以「訕謗文字」將他治罪，他因此死在獄中。不過，也有其他不同的記載，說查嗣庭出了文出《詩經》的「維民所止」，「維」「止」被認爲是砍掉「雍」「正」的頭，因此惹禍上身。

歷久彌新說名句

孟子以山路來比喻人心，並主張唯有勤學不輟，才能不讓自己的內心荒蕪。在佛家禪宗歷史上，神秀與慧能則以鏡台來比喻內心。神秀寫下此偈，「身是菩提樹，心是明鏡台，時時勤拂拭，勿使惹塵埃」。但慧能並不同意神秀的見解，頌下此一千古名偈，「菩提本無樹，明鏡亦非台，本來無一物，何處惹塵埃」。

神秀的說法與孟子相近，神秀認爲心是明鏡台，唯有時時將明鏡台擦拭乾淨，不要使塵埃招惹本心，但是慧能此偈並未見性，強調頓悟，才能直接明心見性。因爲兩人主張不同，禪宗因此分裂成爲南北兩宗。

許多人都認爲慧能的境界，遠遠超過神秀，實際上每個人的根性不同，有人得靠頓悟，有人則得靠勤修才能漸悟，只有方法途徑不一，並無高下優劣之別，否則將淪爲不用努力的藉口。

夫人必自侮，然後人侮之

名句的誕生

孟子曰：「夫人必自侮[1]，然後人侮之；家必自毀，而後人毀之；國必自伐，而後人伐之。太甲[2]曰：『天作孽，猶可違；自作孽，不可活。』此之謂也。」

～離婁章句上

完全讀懂名句

1. 自侮：侮是輕慢、傷害之意，自侮就是言行不檢點而招來侮辱。
2. 太甲：《書經》篇名，分上、中、下三篇。

語譯：

孟子說：「大凡一個人，必定是自己先有輕慢自己的行為，然後別人才會來侮辱；一個家必定是自己先不珍惜、自己先破壞，而後別人才會來破壞；一個國家必定是內部互相爭鬥攻打，然後他國才會乘機來攻打。《書經・太甲篇》說：『上天降下的災禍，還可以逃避；自己造成的災禍，那就不能活命了。』說的就是這種情形。」

名句的故事

孟子對於仁德的要求是很高的，他始終認爲，一個言行不具備仁德的人，是無法和這個人講道理的。他舉出孔子的話爲例，水清人家就用來洗帽子的絲帶，水濁人家就用來洗腳，有這樣的區別，都是水本身的問題呀。而一個人家不願意和他談論道理的人，也是他自己招致的問題，因爲他本身的條件讓人無法與他交談。

所謂自重者人恆重之，一個人如果不先做出輕慢的行爲，他人是沒有機會可以侮辱他的；而家庭也是一樣，如果自己先破壞了，別人自然不會珍惜；推而言之，一個國家一定是自己內部先混亂，才會讓別的國家有攻打的機會。孟子還提出《書經》中的話來加強他的觀點：「天作孽，猶可違；自作孽，不可活。」意思是說，大自然給人們造成的災害，人們尚能逃避而繼續生存；但是人們自作的災禍，卻是無法逃避懲罰的。

這句名言的意義在於，禍福不僅是由人，而且禍福還是相生；禍與福皆由人本身的行爲所造成；禍與福也是一體兩面，互相依存的。孟子乃期勉爲人君王必須謙沖爲懷，抱持仁義，方能有明亮的眼睛，審時度勢，順天道而行，不致爲自己的國家人民帶來不必要的災禍。

歷久彌新說名句

晏敦復是晏殊的曾孫，宋朝的賢臣，與秦檜同時做官。按照規矩，隨侍君王左右的侍從拜訪宰相離開時，宰相應該送出門幾步，但是晏敦復看到秦檜從沒有送過。事實上晏敦復一直認爲秦檜是「奸人相」，不是很願意跟他同朝，常常告訴別人：「人必自侮而後人侮之。」因此決定調離京城以外的地方，年七十一歲善終（《宋史．晏敦復列傳》）。

清德宗時期的軍機大臣文祥，負責總理各國事務，因此對於清廷當時的外交局勢，頗感憂心，便上疏皇帝。文祥認爲：「夫人必自侮而後人侮之，物必先自腐而後蟲生焉。」西方向清朝叩關的不僅是經濟貿易、科學、政治體制，還有火藥砲彈，如果不先自強，怎麼能夠抵抗外侮？就如同物體一定是先腐敗了，所以蟲才有辦法侵蝕它。文祥又說：「中國之有外國，猶人身之有疾病，病者必相證用藥，而培元氣爲尤要。」（《清史稿．文祥列傳》）文祥的話，表現出清朝中國人當時倚老賣老的自大心態，居然把外國人當作是疾病來看待，怪不得終至清末，都一直疲於「抵抗」。如果當時中國人不是把西方人當作「病」來抵抗，而是用接受、進而轉化與吸收，或許中國的今天是別有天地的。

中國人民大學商學院傳出要邀請港星周星馳擔任兼職教授一職，校內聲浪不一。其中該校哲學系博士生王達三便向訪問他的記者表示「夫人必自侮，然後人侮之」，這是人民大學商學院的墮落。後來王達三寫了一篇〈大學、大師、大腕——談周星馳兼職教授事件〉刊登在中國青年報上（二〇〇五年一月十二日），他進一步強調，思想文化和學術知識是有一定的底線，並不是名人爲所欲爲的特權，因爲「學有所長，術有專攻」，周星馳可以繼續作明星和大腕，但是沒資格作教授。

根據報載，周星馳踏入該校校園時，受到很多影迷的熱烈歡迎，但是大家也搞不清楚周星馳能夠在這個學校教些什麼。甚至有人在報上提出「學校尊嚴」，對這件事情提出質疑。其實，不論是政治、學術或是自身，不論是哪個領域，都要抱持「人必自侮，然後人侮之」的座右銘，兢兢業業，才能獲得自重與自強。

愛人者，人恆愛之

名句的誕生

孟子曰：「君子所以異[1]於人者，以其存心也。君子以仁存心，以禮存心。仁者愛人，有禮者敬人。愛人者，人恆[2]愛之；敬人者，人恆敬之。」

～離婁章句下

完全讀懂名句

1. 異：不同。
2. 恆：總是。

語譯：

孟子說：「君子與一般人不同的地方在於，他內心所保存東西的不同。君子把仁保存在心裏，把禮保存在心裏。仁愛的人愛人，有禮的人尊敬人。愛人的人，別人也經常愛他；尊敬人的人，別人就經常尊敬他。」

名句的故事

我們平常常聽到的「愛人者人恆愛之，敬人者人恆敬之」一名言，就是出自孟子的口中。即使孟子身處戰國這樣一個「強凌弱、眾暴寡、智詐愚、勇苦怯」的時代，他還是揹著理想四處去傳教，主張要愛人與敬人。

孟子認爲，我們每個人都要以變成君子爲自己的目標。君子是什麼樣子的人呢？他說：「假設有個人以粗暴蠻橫的態度對待我，那麼君子一定會先反省自己：我對他一定還有不仁或不禮貌的地方，要不然他怎麼會這樣對我呢？如果反省過後，自問是有做到仁、盡到禮的，但那人的粗暴蠻橫依然如此，君子必定會再反省：我待他一定還沒有盡心竭力。」

換言之，君子會想盡辦法去愛人、敬人，長存愛人、敬人的心，並且不斷地反省自己是否做到愛人、敬人。如果經過反覆再三，確認自己的確有做到愛人、敬人，那麼問題可能就不是出在自己，而是對方的問題了。然後，孟子說這時候君子就會說：「這不過是個狂人罷了。像他這樣，同禽獸有什麼區別呢？對於禽獸又有什麼可責難計較的呢？」

孟子似乎常常把沒有愛、沒有仁、沒有義理的人，比擬爲禽獸，不知道這是不是罵人的話，不過還好孟子總是不斷地鼓勵、激勵眾人，人人都有機會可以變成堯舜，換言之，每個人都可以選擇不變成禽獸。要在堯舜兩位皇帝跟飛禽走獸之間作選擇，相信沒有人會選擇後者的。

歷久彌新說名句

英國的功利主義哲學家邊沁曾說：「每一次遵從美德行事，縱沒有增加快樂，也可減輕焦慮。」遵從美德行事，其實不僅僅只有減輕焦慮而已，甚者，還有機會可以得到天下。

「堯舜禪讓」是中國歷史上家喻戶曉的名君讓賢的故事。舜是具備了什麼樣的德行，使得堯能夠將掌管天下的大權不傳給自己的兒子而傳給舜呢？答案就是舜遵從美德行事，孟子說：「愛人者人恆愛之，敬人者人恆敬之。」而舜卻是別人不愛他，他依然愛人；別人不敬他，他依然敬人。

舜的母親很早就過世，父親瞽叟的新妻子生了一個兒子，名叫象。後母和象都很討厭舜，想方設法要陷害舜，甚至連舜的親生父親瞽叟都受影響，也對舜惡行以待。一次，瞽叟叫舜修理倉房，等舜進去了，瞽叟居然就從外面放火焚燒倉房，還好舜及時從窗戶逃走了。後來，瞽叟要舜挖井，等舜進入井底，象和瞽叟就用土把井填了，結果舜居然又大難不死，從另一邊開了一條通道逃出來。但是象和瞽叟仍不知情，以爲舜已經死了，都非常高興。象對父親說：「主謀是我，我願意把舜的牛羊倉廩分給你，舜的妻子和琴歸我享用。」象搬到舜的臥房居住，又彈他的琴。這時候舜進來了，象又驚慌又惱怒，說：「我正想你想的厲害啊！」舜說：「你若這樣就太好了。」舜依然孝順父母、友愛弟弟如舊，就好像完全沒發生過這件事情一樣（《史記》）。

當堯年老時詢問四方諸侯誰能接替帝位，四方諸侯便推舉舜：「他是個盲人的兒子。他的父親愚昧，母親頑固，弟弟傲慢，而舜卻能與他們和睦相處，盡孝悌之道，把家治理好，使他們不至於走向邪惡。」由於舜是個平民百姓，所以堯也不敢冒冒然就將一個國家交給舜，於是堯把兩個女兒娥皇、女英嫁給他，並讓自己的九個兒子和舜共處，想從兩個女兒的言行舉止以及舜的待人處世態度來觀察舜的德行。結果娥皇、女英不但誠心服侍仍以耕田種地爲生的舜，而且完全沒有天子之女驕傲怠慢的態度，對待舜和其他親人都是謙遜恭敬，時時處處想著如何做好媳婦的責任。另外，堯的九個兒子在與舜的相處之中，變得更加敦厚愼行。

當舜到歷山耕種時，歷山的人變得非常大度，都能讓出自己的田界；當舜到雷澤捕魚時，雷澤的人也變得非常大方，都能讓出自己的住所；當舜到黃河沿岸做陶器時，黃河沿岸出產的陶器則變得沒有一件是粗製濫造的。堯看到舜不但能把家裏的一切安頓得很好，又能感化妻子與周邊的人，就確定了把天下交付給舜應該是一個聰明的選擇。姑且不論，舜是否得到天下，他的「以仁存心，以禮存心」的精神確實頗令人動容。

孟子100 天地無限

君子不怨天，不尤人

名句的誕生

孟子去[1]齊。充虞[2]路問[3]曰：「夫子若有不豫[4]色然。前日虞聞諸夫子曰：『君子不怨天，不尤人。』」

～公孫丑章句下

完全讀懂名句

1. 去：離開。
2. 充虞：人名，孟子的學生。
3. 路問：在道路上問。
4. 豫：高興的樣子。

語譯：

孟子離開齊國，他隨行的學生充虞在道路上問：「老師您看起來很不高興的樣子。前幾天我還聽老師說過：『君子是不會懷恨上天，也不會責怪他人。』」

名句的故事

齊國是孟子心中最適合推行王政、效法周天子一統天下的諸侯國，但是卻在「落花有意，流水無情」的過程中，對齊威王逐漸心灰意冷，最後選擇離開。對於孟子這樣有學問、有德行、有辯才的人，卻遇不到眞正的伯樂，或多或少都是落寞的神情，因此才會引起弟子充虞的誤會。事實上，孟子仍保有君子「寵辱不驚」的修養，也確實是「不怨天、不尤人」。

「不怨天、不尤人」是出自《論語．憲問》，後來引申爲「怨天尤人」，就是抱怨上天沒有幫助他、別人沒有幫助他。相反的，一個人遭逢困境，如果能檢討自己，不懷恨上天，也不責怪他人，這就叫做「不怨天、不尤人」。另外有一句成語叫做「怨天怨地」，懷恨天地、抱怨不休，這與「怨天尤人」是相通的道理。

孟子曾告訴他人，是他自己心甘情願、不遠千里來見齊威王，然而不受到知遇，他也是不得已的。事實上，孟子在遠離齊國前，還在邊界附近的晝城多住了三個晚上，等待齊威王回心轉意。孟子說，齊威王始終沒有追他回去，這才讓他有不如歸去的想法。所以，孟子是一個識時務的俊傑，不怨天、不尤人的君子。

歷久彌新說名句

北京大學曾經破格錄取一位「文學天才、數學白痴」的學生，名叫羅家倫，他也是「五四運動」的健將之一。羅先生寫了一篇〈運動家的風度〉，被收錄到國中的國文課本，主旨是教導學生「認識君子之爭」。他說：「有風度的運動家，要有服輸的精神。『君子不怨天不尤人』，運動家正是這種君子。」羅家倫認爲，輸了只能怪自己不行，充實之後再捲土重來即可；別人贏了，心中應該佩服，如果因此怒罵別人，不但無聊而且無恥。這就是告訴我們，人要懂得「輸得起」，不要把時間浪費在怨天尤人上，把抱怨的時間用來充實自己，才會有翻身的機會。

賴建鵬在《福音雜誌》上發表了一篇文章〈感恩與讚賞〉，他談論到：「能夠向神感恩，向人表示謝意，是人類最美麗的情懷。」賴先生的這句話非常值得我們深思，以及反省。現代社會人際關係越來越疏離，有時候連一句謝謝都很吝嗇，更何況是心中要懷抱感恩呢？

賴先生進而舉例一位曾被關進監獄十八個月的神學家潘霍華（Dietrich Bon Hoeffer）。作者這樣寫道：「他被關進了牢房，但他不怨天不尤人，卻爲看到在監房的庭院裡有一隻畫眉鳥而感謝上蒼。」我們知道看到畫眉鳥對普通人而言，是多麼小的一件事情，但是對於關在牢房中的人，可是件不容易的事。能夠對這樣的小事而感恩的人，其實是有福氣的，因爲他用的是上帝的眼睛來看全世界。

明足以察秋毫之末，而不見輿薪

名句的誕生

曰：「有覆[1]于王者曰：『吾力足以舉百鈞[2]，而不足以舉一羽；明足以察秋毫之末[3]，而不見輿薪[4]。』則王許[5]之乎？」

曰：「否。」

～梁惠王章句上

完全讀懂名句

1. 覆：陳述、報告。
2. 鈞：古代的重量單位，三十斤為一鈞。
3. 秋毫之末：指細微難見的東西。毫，毫毛。毫毛的末端到秋天就更尖細，更小而難見。
4. 輿：車子；薪，木材。
5. 許：贊許、同意。

語譯：

孟子說：「假如有人來向大王報告說：『我的力量能夠舉得起三千斤的重物，但卻拿不起一根羽毛；我的視力能夠看得清秋天毫毛的末梢，可是卻看不見擺在眼前的一車柴薪。』大王，您會相信他的話嗎？」

宣王說：「當然不會相信了。」

名句的故事

由於以「君子遠庖廚」一說博得齊宣王的信服，因此孟子得以再接再厲地將自己的論點與想法逐一道出。而這回，孟子與齊宣王討論的重點繼續圍繞在「不忍之心」與「王道」的關聯上。

明白自己具有「不忍之心」後，齊宣王自然

要問及「不忍之心」與「王道」之間有什麼關係存在。而此時，孟子便使用邏輯上的「歸謬法」，舉出「能舉起千鈞重物的人舉不起一根羽毛」，以及「可以看到秋毫之末的人卻看不見眼前的輿薪」這兩種荒謬說法，讓齊宣王自己親口否定，然後再提及先前討論過的「君子遠庖廚」說法，讓齊宣王明白，既然「不忍之心」都可以恩及禽獸，之所以無法將這種用心恩及百姓，這其中最大的問題在於：不爲。也就是說，齊宣王不是做不到這件事，而是不願做，或沒有想到去做。

因此，孟子認爲只要齊宣王可以將不忍聽聞禽獸悲鳴聲、不忍看到禽獸遭宰殺的「不忍之心」用於百姓身上，「王道」自然而然地便施行了，而四方百姓也自然願意歸來，天下自能一統。

如此巧妙的論述、如此切合實際的舉例，確實讓人嘆爲觀止，也難怪齊宣王聽得是心悅誠服。人們都說孟子善辯，由這個例子確實可看出個端倪。只是，如果今天孟子尚在，聽到人們如此評論他，恐怕還是會捻鬚微笑地說著他那句千古名言：「予豈好辯哉，予不得已也。」

歷久彌新說名句

孟子在講道理時，很少使用空洞的說教方式，而是多採用形象化的比喻，就像此句中的「力舉百鈞」以及「明察秋毫」，不僅淺顯易懂、寓意深刻，並且也使聆聽者容易接受。

在今天，「力舉百鈞」多被人用來形容人的孔武有力，自然，將之放在舉重運動員的身上更是適合不過了，正因如此，所以每當有舉重賽事時，「某某某力舉百鈞、獨霸天下」、「某某選手力舉千鈞當仁不讓」的說詞與新聞標題出現率也會特別高。

而「明察秋毫」這一句更成爲後世通用的成語，有時人們也將其寫作「明鑑秋毫」，意思都是相同的。而最常被灌以這個美譽的，在古代則是「包公」、「施公」之類的清官，像《三俠五義》第四十二回中便如此形容包公：

「不想相爺神目如電，早已明察秋毫，小人再也不敢隱瞞。」而在現代，則多用來稱讚警調單位及法官的明辨是非、公正不阿，例如「檢察官明察秋毫，被告人舊罪曝光」、「明察秋毫之末，細微處見證公正」等。

除了中國，其實在國外也有類似的說法：「be perceptive of the slightest」（洞察最容易被人忽略之處）。由此可見，無論古今中外，對「明察秋毫」的希冀，以及對司法公正的期盼，都被世人同等重視。

民歸之，由水之就下，沛然誰能禦之

名句的誕生

王知夫苗乎？七八月之間旱，則苗槁[1]矣。天油然[2]作雲，沛然[3]下雨，則苗浡然[4]興之矣。其如是，孰能禦[5]之？今夫天下之人牧[6]，未有不嗜殺人者也。如有不嗜殺人者，則天下之民皆引領[7]而望之矣。誠如是也，民歸之，由[8]水之就下，沛然誰能禦之？

～梁惠王章句上

完全讀懂名句

1. 槁：乾枯。
2. 油然：盛多的樣子。
3. 沛然：大雨滂沱的樣子，又指大水澎湃、不能制止之意。
4. 浡然：蓬蓬勃勃。
5. 禦：擋住、制止。
6. 人牧：治理人民的人，意指國君。「牧」是由牧牛、牧羊的意義引申過來的。
7. 引領：伸起頸項、伸長脖子，意指期待。
8. 由：同「猶」，好像、如同。

語譯：

大王知道禾苗的情況嗎？若七、八月間適逢天旱，禾苗就會乾枯。而一旦天上烏雲密佈，嘩啦嘩啦下起大雨，禾苗便又會蓬勃地生長起來。這樣的情況，誰能夠阻擋的了呢？現今各國的國君，沒有一個不喜歡殺人的，如果有一個不喜歡殺人的國君，那麼天下的老百姓都會伸長脖子期待著他。如果真能做到這樣，那麼老百姓歸服他，就像是雨水向下奔流一樣，又有誰能阻擋得住呢？

名句的故事

正當孟子費心地將人民比喻爲流水，苦口婆心地繼續著自己的「說客」工作時，我們必須知道的是，他此時說服的對象已然更迭，因爲梁惠王已逝，而與孟子對話的人則是梁惠王之子梁襄王。雖然「革命尚未成功」，雖然梁襄王不像梁惠王那樣虛心，但孟子依然努力，儘管這是他最後一次接受梁襄王的召見。

因爲在這一回的對話之後，梁襄王接受了蘇秦的建議，加入「六國合縱抗秦計畫」，讓自己的國家走向黃昏、走向滅絕。不過孟子或許對這個結果早有預見，因爲在這次對談之後，孟子顯而易見地對這個新即位的君主並不抱太大的希望，因爲他出門後對人說的第一句話竟是：「望之不似人君，就之而不見所畏焉。」（梁襄王遠遠望去一點也沒有人君的樣子，就算走近了也沒見有什麼威嚴。）

這樣形象生動、一針見血、入木三分的評價，幾乎就將預告了梁襄王終將因自己短視的個性而嚐到苦果，而梁襄王一張口便突兀地問孟子：「天下惡乎定？」（天下如何才能安定？）更給人一種不虛心、說大話的感覺。但儘管如此，孟子還是耐心地向他講述了如何「定天下」的方法，這個方式其實非常簡單：先統一天下，而不喜歡殺人的人方能統一天下。

這個道理看似荒謬，但如細思，會發現孟子所謂的「不嗜殺人者」也就等同於「仁者」，而像「仁者無敵」這種論點，孟子早已多加闡述，追根究柢，依然是以「仁心」行「王道」的延伸。

歷久彌新說名句

孟子曾在許多地方，都拿「水之就下」做爲比喻，除了這個主題所提及的「民歸之，由水之就下」，還有「人性之善也，猶水之就下也」。可見在孟子的觀念中，只要是「自然而然」、「本該如此」的狀態，都可用「水之就下」來作爲比喻。

但其實由水的特性中悟出生命與人生哲理的人，並非只孟子一人。在孟子之前，孔子便曾發出「逝者如斯夫，不舍晝夜」，也就是對人生有限、宇宙無限的感慨；孟子之後的荀子，也曾說出「君者，舟也，庶人者，水也。水能載舟，水能覆舟」的話，來闡明爲政者與百姓之間的因果關係，與孟子的名句有異曲同工之妙，並用被後世的爲政者拿來做爲自省之用，而更多的，則是被政論家們用來對爲政者及其所施政策的批評與警示。

除此之外，軍法大師孫子更由水的流動形態中，悟出一套克敵致勝之道：「故兵無常勢，水無常形；能因敵變化而制勝者，謂之神。」

看了這麼多過去學者及哲人們因水而產生的深刻思想及言論，你是否也由其中得到某些體悟呢？或許此刻，你也可以試著思考水的特性，看看是否能得出一番對人生的新見解。

樂以天下，憂以天下

名句的誕生

樂民之樂者，民亦樂其樂；憂民之憂者，民亦憂其憂。樂以天下，憂以天下，然而不王[1]者，未之有也。

～梁惠王章句下

完全讀懂名句

1.王：音「望」，使四海歸服。

語譯：

國君能以百姓的歡樂為歡樂，百姓也會以國君的歡樂為歡樂；國君能以百姓的憂愁為憂愁，百姓也會以國君的憂愁為憂愁。能以天下人的快樂為快樂，以天下人的憂愁為憂愁，卻還不能夠使四海歸服，這是從來沒有過的事。

名句的故事

一回，齊宣王將孟子請到了自己在郊外的別墅精心款待，招待之餘，誇耀似地對孟子說：「我招待您到這樣好的地方來，不知道您是否感到快樂與榮耀？而像您這樣的賢者，喜歡這種享受嗎？」

顯而易見的，齊宣王的作法上是有些不明智，因爲與孟子討論了那麼多回，他居然尚不明白孟子的個性，還爲自己挖了個坑，讓孟子有機會來對他說教，自然，免不了又受到孟子的一番「再教育」。

當時，孟子立即回答齊宣王的問題，並且一點不遮掩地說明自己確實也喜歡這樣的待遇及享受，因爲只要是人，都會喜歡這樣的享受。只不過，如果只有君王及少數人才能有這樣的享受，那麼百姓們一定會有微詞。而百姓們的微詞雖是不對的，但錯得更離譜的卻是只懂自己享受的君王。因爲眞正好的、能一統天下的君王是會以百姓的憂愁爲憂愁，以百姓的歡樂爲歡樂，而如此一來，百姓們才會以君王的憂愁爲憂愁，以君王的歡樂爲歡樂。

孟子這一席話其實與先前跟齊宣王討論「獨樂樂不如眾樂樂」的意涵一致，只是在角度上更爲開闊，不僅提到「樂」的問題，也同時提到「憂」的問題。

所謂的「樂以天下、憂以天下」，其實都是以百姓的福祉爲出發點，與孟子一貫倡導的「民貴君輕」思想相吻合，畢竟如果人民個個怨聲載道，社會無法安定，國家根本動搖，在這種連國家都快不復存在的情況下，君主的位置也沒有任何意義了。

歷久彌新說名句

或許我們對孟子的「樂以天下、憂以天下」不是那麼熟悉，但我們對由這句話衍生出來的名句——「先天下之憂而憂，後天下之樂而樂」（宋．范仲淹《岳陽樓記》）一定是耳熟能詳、倒背如流。

「樂以天下、憂以天下」表達的是一種「君民一體」、「同喜同憂」的互動精神，而「先天下之憂而憂，後天下之樂而樂」則注入了更強烈的「使命感」和「自我犧牲」、「奉獻」的精神，較之孟子所言，更具有一種濃厚的「悲劇」意識。並且，孟子強調的主體是君王，目的是讓君主「王天下」，而范仲淹強調的主體是「個人」，目的是「爲民解憂」。

在中國歷史上，不乏此類「以國家興亡爲己任」的英雄，例如明末抗清明將史可法，在豫親王多鐸領十萬清兵圍攻揚州城時本在外地，得知消息後冒死趕回，並與之激戰十二天，但終究不敵。而在揚州城淪陷前夕，史可法心痛之餘寫下了絕命書寄給母親及妻子，並爲了不讓清兵傷及無辜百姓，毅然絕然地挺身而出，終遭凌虐而死。而除了史可法外，像岳飛、文天祥等人，更是大家耳熟能詳的民族英雄，並且至今仍被人歌誦。

正因爲這些人是眞正以天下爲己任、以利民爲宗旨，傾盡全部心力地想補救時弊，並且絕不爲外物所動，因此再苦再難也不能動搖他們心中的信念，而這種「堅持」，是絕對値得後世的我們學習的。

其實，被強調要好好學習孟子與范仲淹所提出的「先憂後喜」精神者，除了政治家之外，還有軍人們，像中國著名的軍校「黃埔軍校」曾經將「精誠團結」、「以國家興亡爲己任」列入教材中。

現在，你可以去試著去思考，在現今的社會上，還有些什麼樣的人物可以稱得上「樂以天下、憂以天下」，或者是「先天下之憂而憂，後天下之樂而樂」。

獨樂樂，與人樂樂，孰樂？

名句的誕生

曰：「獨樂樂[1]，與人樂樂，孰樂？」

曰：「不若與人。」

曰：「與少樂樂，與眾樂樂[2]，孰樂？」

曰：「不若與眾。」

～梁惠王章句下

完全讀懂名句

1. 樂樂：第一個「樂」字指音樂，動詞，是奏樂和聽樂的意思；後一個「樂」則意指快樂。
2. 少：少數人；眾：多數人。

語譯：

孟子問：「一個人獨自欣賞音樂時的快樂，和與其他人一起欣賞音樂時的快樂相比，哪一種更為快樂呢？」

齊宣王說：「與其他人一起欣賞比較快樂。」

孟子又問：「與少數人一起欣賞音樂的快樂，和與多數人一起欣賞音樂的快樂相比，哪一種更為快樂呢？」

齊宣王說：「很多人一起欣賞比較快樂。」

名句的故事

莊暴是齊國的大臣，有一回齊宣王召見他，問了他一句：「我喜歡音樂。」由於不明白齊王的用意，因此莊暴不敢隨意作答，只好沈默以對。而看到了莊暴的沈默後，齊宣王又追問了一句：「你對我喜歡音樂這件事有什麼看法？」

身爲臣子的莊暴有些左右爲難，因此莊暴不得不趕緊求見孟子，一方面想明白孟子是否能由這段對話中揣摩出「上」意，二方面也希望孟子能教給他一個最適當的回答方式。但孟子卻只回答了他一句：「既然齊王這麼喜歡音樂，那麼國家應該治理得差不多了吧。」

幾天之後，孟子見到了齊宣王，並問及齊王是否有與莊暴討論到音樂方面的事。齊宣王聽到後，臉色有些不太自在，因爲他擔心身爲一國之君不去關心國事卻喜好音樂，不但有可能遭到輿論的撻伐，更可能會受到孟子的批評。

但孟子提及此事的本意自不是爲此，而是捉住機會，又一次地藉著音樂之事來宣揚自己的理念，小小地教育了齊宣王一回，告訴他什麼才是一國之君眞正的快樂。

在孟子的觀念中，國君自然可以喜歡音樂，也可以喜歡田獵，但這個「喜歡」得出的「快樂」，必須是具有普遍性的，也就是不能只是君王一個人快樂，而是應連百姓也能分享到國君的快樂心情。

如果國家治理得不好，導致民不聊生、百姓叫苦連天，那麼國君對某事、某物的喜好，只是一種自私的感官享樂，只會造成百姓的反感與不滿。如果國家治理得好，整個國內和樂安康、歌舞笙平，國君出門田獵或享受音樂之美時，百姓們自然可以因此感受到國家的富強、富足，並也因君王的身體強健而感到欣慰。

因此，能夠「推己及人」的快樂，具有分享價值的「獨樂樂不如眾樂樂」的快樂，才是一個國君眞正該擁有的快樂。

歷久彌新說名句

當初孟子說出「獨樂樂，與人樂樂，孰樂？」這句話時，雖然主要探討的是「音樂」方面的問題，但其實這個「樂」卻是具有概括與分享性的，也就是說可以普及至任一讓人覺得「愉悅」的方面，並因此演變成爲千古名言——「獨樂樂不如眾樂樂」。

人是群體的動物，因此「獨樂樂不如眾樂樂」所表達出的不僅僅是一種「分享」的觀念，更是一種「無私」的價値觀。在今天的社會中，時時可見人們引用此句，只是有時是直接引用，例如：「獨樂樂不如眾樂樂，網路電臺興起，『播客』橫空出世」、「獨樂樂？與人樂樂？春節你怎麼娛樂？」之類的新聞標題；而有的則是引申其意，就像某咖啡廣告裏那句「好東西要與好朋友分享」的經典台詞。

但有趣的是，「獨樂樂」這句名言在現今有時也因爲對象與範圍的不同，而產生了完全相反的說法，那就是「眾樂樂不如獨樂樂」。而何時會有所謂的「眾樂樂不如獨樂樂」呢？有人認爲潛水至深海中與海底生物嬉戲是一例，有人則認爲洗澡時高歌一曲也是一例。

今天，當進入到網路時代，「獨樂樂不如眾樂樂」這句話可說是最恰如其分地形容了「網路資源共享」的一種互助心態。但要注意的是，當我們在享受網路資源共享的時刻，也絕不能忽視了「版權」的重要性。

如水益深，如火益熱

名句的誕生

以萬乘之國伐萬乘之國，簞食壺漿[1]，以迎王師。豈有他哉？避水火[2]也。如水益深，如火益熱，亦運[3]而已矣。

～梁惠王章句下

完全讀懂名句

1. 簞：盛食物的竹器；食：食物；漿：水、酒。
2. 水火：比喻害民的虐政。
3. 運：迴轉。

語譯：

以齊國這樣一個擁有萬輛兵車的大國，去攻打燕國這樣一個同樣擁有萬輛兵車的大國，而燕國的老百姓卻用飯筐裝著飯、用酒壺盛著酒漿到路旁來歡迎大王您的軍隊，難道還有別的原因嗎？不過是想擺脫他們那水深火熱的日子罷了。如果您讓他們的水更深、火更熱，那他們也會立即轉身而去尋找其他出路。

名句的故事

雖然在孟子的殷殷勸說下，齊宣王似乎有些體悟，在言語上也表示接受孟子的觀點，但最後齊國仍與燕國交戰，並且大敗燕國於城下。

打敗燕國之後，齊宣王又找來了孟子，問說：「打敗了燕國之後，有人勸我占領它，也有人勸我不要占領它，先生您說如何是好？」在木已成舟的情況下，孟子自然知道再多費口舌討論戰爭是如何戕害百姓也沒有任何作用，因此一方面先給齊宣王戴個高帽，聲稱既然燕國百姓是夾道歡迎齊王軍隊的到來，必定是因爲原來的君王過於暴虐，而另一方面，孟子依然沒忘記來個機會教育，警告齊宣王，若不好好善待百姓，那麼燕國的百姓們有一天一定也會因再度唾棄暴政而轉身離去。

或許有些人會覺得狐疑，認爲一貫反對「霸道」、反對戰爭的孟子爲何會支持齊宣王進占燕國，並且還說得如此冠冕堂皇。但其實，這裏正顯現出孟子的「通變」之道。因爲既然齊王都已打敗燕國，燕國國君也確實暴戾、荼毒百姓，因此本著與「殺一夫而非弒君」的相同思想，孟子同意符合「正義」的「聖戰」，就像是齊宣王曾說自己有好色、貪圖享受、好勇等諸多毛病，但孟子還是將其視爲小事，畢竟與那些眞正殘暴的君主比起來，齊宣王還算是「孺子可教」，看樣子「大處著眼、小處馬虎」的道理，孟老夫子還是深懂箇中三昧。

歷久彌新說名句

自孟子「如水益深，如火益熱」此句一出，由它衍生出的「火深火熱」這句成語，便成爲中國千百年來形容暴君荼毒百姓，致使百姓活在痛苦不堪的情境中的一個生動譬喻。在英文中有一個相似詞語「extreme misery」（極度的痛苦），也是泛指「水深火熱」之意。

本來「水深火熱」所表達的情境是無庸置疑的，與「水火倒懸」相似，而與「海晏河清」、「安居樂業」相反。當人們要表達生存環境的不堪、描述生活的苦痛，以及形容所處情境的尷尬時，「水深火熱」絕對是一個使用率極高的成語，例如：「網咖產業在『水深火熱』中掙扎」、「股票市場水深火熱，監管層爲何見死不救」……等，可使用的範圍相當廣泛。

而除了這些正規的使用方式之外，人們也開始利用字面上的意思來做文章，而使得「水深火熱」這四個字開始有了不同的意涵。例如一則講述上海同時遭受熱浪及暴雨雙重襲擊的新聞，標題便定爲：「水深火熱，上海七死逾四十傷」，眞可說是一語雙關、妙不可言。

天時不如地利，地利不如人和

名句的誕生

天時[1]不如地利[2]，地利不如人和[3]。

～公孫丑章句下

完全讀懂名句

1. 天時：對戰爭有利的時機或氣候。
2. 地利：對攻守有利的地理形勢及條件。
3. 人和：深得人心，團結一致。

語譯：

有利的時機和氣候不如有利的地勢，有利的地勢不如人的齊心協力。

名句的故事

孟子雖然不好戰，但面對戰爭問題時，也有自己獨特的見解，此處他所講的「天時、地利、人和」，便是打贏一場戰爭的幾個關鍵問題。在孟子的想法中，時機和氣候的有利，不如有地勢的有利，而地勢的有利，又比不上眾人的齊心協力。

所謂「地勢」的有利，就是指一個能擁有三層內城牆，以及七層外城牆的城池。而所謂「天時不如地利」，指的則是就算敵人搶占了好時機，或是趁好的天氣之日來攻城，但面對著如此固若金湯的城池，就算四面強攻，也著實很難攻破。

而「地利不如人和」，講述的則是另外一種情況；城池的城牆不是不高，護城河也不是不深，兵器和甲冑也非老舊駑鈍，糧草更不是不夠充足，但此城最終還是被攻破，而被破城的主要原因是由於軍士及百姓的信心不夠，無法團結一致共同退敵，以致最終選擇了各自棄城而逃。

藉由這個推論，孟子講述了二層重要的道理，一則警示了在上位者應將「得道者多助，失道者寡助」之理深藏於心，二則表明了只要國家中的每個個體都能共體時艱、一致對外，必能不戰則已，戰無不克。

自然，孟子此說並不是由「兵法」的角度上入手，討論的依然是「人心」的問題。但再高明的兵法，也必須交由人去施行，若施行者只是一群民心潰散的軍士，那就算孫子再世也恐怕也只能徒呼奈何了。

歷久彌新說名句

天、地、人三者的關係問題古往今來都是人們所關注的。《荀子．王霸篇》中曾說：「農夫樸力而寡能，則上不失天時，下不失地利，中得人和而百事不廢。」在這裏，荀子所指的「天時」指的是農時，「地利」指的是土壤肥沃，「人和」則是指人的分工。

到了孟子之時，所謂的「天時」指的是尖兵作戰的時機、氣候等；而「地利」是指山川險要，城池堅固；「人和」則指人心所向，內部團結等。

可以這麼說，荀子是由「農業生產」的角度來論述「天時、地利、人和」的問題，並且他也沒有區分這三者之中重要性的先後，而是三者並重，缺一不可。孟子則不同，他主要是從「軍事」角度來分析論述「天時、地利、人和」之間關係，並且還明白無誤地指出在這三者之中，最重要的是人和。

到了今天，再談起「天時、地利、人和」時，大部分的人皆將這三者視爲「成功」不可缺的要素，並且人們普遍認爲，只有在這三個要素完全發揮作用時，成功才會來到眼前。而事實上，在國外也有類似的語句：「An ounce of luck is better than a pound of wisdom.」（聰明才智，不如運氣）只不過在這裏，對於運氣的看重更甚於一個人的聰明才智。

二〇〇四年奧運「跆拳道」金牌選手陳詩欣

在接受某女性雜誌採訪時，曾經這樣說過：「對不再比賽的我而言，奧運是個美麗的回憶，當我在頒獎台上把手放下的那一刻，我就告訴自己，我還是陳詩欣，一切沒有不同。我覺得自己很幸運，成功是天時地利人和，對榮耀抱持平常心。」雖然謙和地將自己「前無古人」的好成績歸功於「天時、地利、人和」，但陳詩欣榮耀背後的努力與奮發、心酸與淚水，也絕對是眞實的存在。

就像前人所說：「機會永遠只留給準備好的人。」由這個例子看來，我們若眞的希望在某一個方面獲得成功，個人的努力是絕不可被忽略的。

一日暴之，十日寒之

名句的誕生

孟子曰：「雖有天下易[1]生[2]之物，一日暴[3]之，十日寒[4]之，未有能生者也。」

～告子章句上

完全讀懂名句

1. 易：容易。
2. 生：生長。
3. 暴：是「曝」的本字，指在日光下曝曬。
4. 寒：冷凍的意思。

語譯：

即使是天下最容易生長的生物，放在太陽底下曬一日，卻又接連地凍個十日，在這樣的狀態下，不可能有植物能夠生存、生長的。

名句的故事

春秋戰國時期，知識發展很蓬勃，因此也就衍生許多教人如何念書學習的勵志文章。儒家在關於「如何學習」這方面也頗有心得，除了開山祖師爺孔子提出很多精湛的關於教育的看法外，孟子也繼承了他的遺志，當起「孟老師」，每日諄諄教誨起來。

大致上，孟子是有當老師的天份的，因爲他擅用各式各樣新奇、有趣的比喻；或挖苦、反諷的方式，來表達他的主張。而本篇名句之時代，孟子的受教學生據說是齊王。

有一天，喜歡管人閒事的人跑去找孟子，半嘲笑地說：「看來你這個老師也不怎麼樣吧？齊王受教之後還是跟從前一樣笨！」孟老師聽完既不氣喘也不臉紅（不怒不火），而是娓娓說道：「大王的笨，沒有什麼好奇怪的。縱使是天下最容易生長的植物，可是你把它在陽光下曬了一天，就又讓它挨凍十天，它哪裡還活得成呢。」

孟老師繼續說：「而我和大王之間就是這種情況，我們兩人相見的時間太少。我一離開大王，那些『凍害』他的奸邪之人就立刻跑來，即使大王有一點善良之芽剛剛萌發，也不稍刻就被他們凍殺了，我能怎麼辦呢？」這抗辯是不是挺有說服力的？還沒完呢，孟子接著又舉例：「又好比下棋，雖然只是一個小技藝；但如果不專心致志地學，也是永遠學不會的。像弈秋是全國有名的下棋高手，今天叫他同時教導兩個人下棋。其中一個專心致志，非常認眞地在聽弈秋的指導；另一個雖然也在聽，但心裡面卻老是又想著如果大鵬鳥飛來的時候要如何張弓搭箭去射擊牠。結果後者的射藝大不如前者，是因爲他的智力不如那個人嗎？答案很明顯：當然不是。」

孟子反覆的舉例，就是要說明，做事要認眞、持之以恆，「做一天、休息十天」，是永遠別想成功的。而後人則將孟子所說的「一日暴之，十日寒之」，簡化爲「一曝十寒」這句成語，用來比喻修學、做事沒有恆心。

歷久彌新說名句

毛澤東曾說：「貴有恆，何必三更眠五更起；最無益，只怕一日暴十日寒。」一曝十寒就是如俗語所說的「三天打魚，兩天曬網」，努力少，荒廢多，成功將變成不可能的任務。因此，貴在堅持，在有恒心。逆水行舟，不進必退。

不但凡人必須努力，就算仙人也是沒有不勞而獲的。宋元豐年間（西元一〇七八～一〇八五年），江南地方發生大洪水，山洪橫流，溝壑暴溢。幾個漁人看到一截尺餘長的浮木在河面飄來蕩去，於是幾人聯合將浮木撈起，卻發現浮木非木而是人，而且是大活人。

那人身上的衣服已經朽爛，但身體不僅完好

無缺，了無傷痕，而且肌膚青白如玉，雙眼瞳仁炯炯有神。只見他眨了一下眼睛，打了哈欠，伸了伸懶腰，仿佛剛剛睡醒一般。「現在是嘉佑幾年？」是這奇人開口的第一句話。

旁人便告訴他，仁宗早已在嘉祐八年（西元一〇六三年）逝世，他的兒子英宗也過世了，現在是他的孫子神宗，號「元豐」。那人聽後，長長地歎一口氣道：「唉，我這一覺睡得好長啊。」並娓娓道出他的故事。

原來這人是一個商人，經商失敗後的一天，他遇見兩位道人，道人驚異地看著他說：「你風標清奇，有方外之趣，你呀，可以修仙學道。」於是，他就尾隨二位道人一起到了江南茅山。到了茅山，他們住在一個洞穴中，二位道人天天向他傳授如何修道成爲神仙之術。直到他學習到一半，二位道人告訴他說：「我二人有事遠行。我倆走後，你要繼續修持，勿惰勿畏，戒躁戒驕，融神寂慮，定有所成。」說完，二道人就化作兩股清煙飛去。

自此，他就居於岩洞之中，茫茫然不知天地之變，物換星移，人世間的喜怒哀樂、汲汲營營也完全遠離他的洞穴。「沒有想到，我剛剛一覺醒來，竟有你們諸位在我身邊。」

大家聽了非常驚奇，就爲他設置齋室、館舍，把他當作神明一樣供奉祭拜、日奉素果。當地的百姓，甚至官員聽到傳言也紛紛趕來造訪拜謁，探求命運之機。甚至還有外地人慕名遠道前來。

但是這位「半仙」其實修煉仍未成果，也尚未能參透玄機，但隨著聲望日高，竟也就把自己當成「活神仙」。開始時，他僅稍取一些供果食物來吃，漸漸的所有饋禮宴席都來者不拒，供奉的衣衾錢帛也是坦然接受。他本來就是鑽營錢財的商人，至此貪婪的慾望又死灰復燃，大肆放縱耽溺肉體之樂，漸漸變得滿腦腸肥、痴呆遲鈍起來，所謂的「活神仙」最後竟是因血壓太高而一命嗚呼哀哉，只留下一旁錯愕的凡人。有位老人就嘆息道：「縱有仙根，亦須修煉。此人不思進取，背叛師教，終致累年之養，損之俄頃之間。惜哉！」

順天者存，逆天者亡

名句的誕生

孟子：「天下有道，小德役[1]大德，小賢役大賢；天下無道，小役大，弱役強。斯二者天也，順天者存，逆天者亡。」

～離婁章句上

完全讀懂名句

1. 役：服事。

語譯：

孟子說：「天下有賢明君主行道的時候，德性小的諸侯聽命於德性大的諸侯，才能小的諸侯聽命於才能大的諸侯；天下混亂無道的時候，小的國家聽從大的國家，弱小的諸侯聽從強大的諸侯。這兩種情況都是天理，順應天理的就生存下來，違背天理的就自取滅亡。」

名句的故事

孟子是拐個彎來說明執政者掌握了仁德、便掌握了天道，天下人就會自動歸順。他先舉例春秋時代齊景公非常感慨自己處於必須聽命他國的無奈，所以只好把女兒嫁到吳國去。就孟子的觀點而言，齊景公嫁女兒就是順應天道，弱國聽命於強國，是很自然的天理，如果齊景公違背了這個道理，恐怕就會爲自己的國家招來殺戮。

孟子接著又提出《詩經》的記載，由於天命已經轉移到周朝了，所以商朝的子孫也不得不歸服周朝；而天命轉移到周朝，是因爲天命是歸向有德的人。孔孟咸以爲，一個君主只要好仁德，天下就沒有人能勝過這位君主。順應天命、天道，是儒家很重要的主張，天命、天道的變化，就是歷史的演進、時勢的變化，對抗這種局勢的，便是自取滅亡。

其實荀子也說：「天行有常，不爲堯存，不爲桀亡。應之以治則吉，應之以亂則凶。」（《荀子．天論》）天運有它一定的軌道，不爲他物所干涉；但是人世的吉凶禍福，會因爲人們對天道抱持的態度，而有所改變；依應天時秩序則得福，破壞則得禍。又例如管仲也有說過：「順天者有其功，逆天者懷其凶。」（《管子．形勢》）可見先秦諸子對於天道的順應，都有共通之處。

歷久彌新說名句

話說劉備前去拜訪臥龍諸葛孔明的途中，先遇到了孔明的朋友崔州平，劉備向他說明，來找孔明是爲了尋求安邦定國之策。豈料崔周平回答，即使找到孔明也不見得可以挽回亂世之局，他說：「順天者逸，逆天者勞；數之所在，理不得而奪之；命之所在，人不得而強之乎？」看來崔州平深信歷史自有其規律，人無法強求（《三國演義》第三十七回）。而當孔明的老師水鏡先生知道自己的學生出仕劉備時，也深感孔明「得其主卻不得其時」。這個「時」對中國人來說異常重要，因爲它關乎天命所在處。「不得其時」或許讓人深感扼腕，但，這或許就是上天的安排吧。

奇美電子董事長許文龍先生在擔任總統府資政一職時，曾在總統府的網站上發表一篇〈身後事，自然事〉。許先生說他對自己的身後事「堅持以環保、回歸自然」，而且「不造墓、不做像」，主張被火化之後，隨處可灑骨灰，以回歸自然。許先生的想法是來自於對SARS事件的反省，他思考人與自然的共存法則、人類之於大自然的破壞，再想想中國人的「風水觀」，死人與活人爭地，只是加速對郊區、山區的破壞與干擾。因此他呼籲大家以「順天者昌、逆天則亡」的態度，善待大自然，並留給後世一個適宜的生存環境。

證嚴法師爲了南亞地震海嘯的援助活動，發表一封祝福函。他說：「行善不能等，善就是福，一善一福就能破災難。」又說：「世間之所以有天災人禍，就是因爲人間缺少了善與愛，此即『順天者生，逆天者亡』的自然法則。」（二〇〇四年十二月二十八日證嚴上人祝福函）因爲天是慈悲的、善良的，發揮這兩種力量，就是順天，自然得到破除災害、獲得生存的力量。證嚴法師之前就屢屢強調「敬畏天地就會畏懼因果」，因爲知所敬畏，就懂得去惡行善、順應天道，就能爲世界帶來平安、吉祥。

今之爲仁者，猶以一杯水救一車薪之火也

名句的誕生

孟子曰：「仁之勝[1]不仁也，猶[2]水勝火。今之為仁者，猶以一杯水，救一車薪之火也；不熄[3]，則謂之水不勝火。此又與[4]於不仁之甚者也。亦終必亡而已矣！」

～告子章句上

完全讀懂名句

1. 勝：贏。
2. 猶：如同。
3. 熄：火熄滅。
4. 與：助。

語譯：

孟子說：「仁戰勝過不仁，就像水可以勝過火、滅掉火一樣。但如今一些執行仁道的人，就像用一小杯子的水卻想去澆滅一車木柴所燃起的大火一樣；火滅不了，就說水不能戰勝火。而這樣的說法，正好大大助長了那些不仁之徒，使得原本所剩無幾的仁道，也必將蕩然無存。」

名句的故事

孟子在當時肯定是一個很出色的老師或演說家，因爲他常常用很多生動的比喻，來述說高深的道理，所謂「言淺旨遠」。而且他所創造的許多比喻，都很傳神，因此被後人流傳下來，成爲慣用的成語。例如本篇名句，就是成語「杯水車薪」的原始版本。

孟子肯定也繼承了孟母三遷式的努力不懈、愛拼才會贏的精神，因此他主張一件事情如果

失敗，肯定是努力還不夠、認眞還不夠。當然他不會講的這麼單調，他使用了水滅火來做比喻：「仁跟不仁的關係，就像水跟火的關係是一樣的，水可以戰勝火，而仁也一定會贏過不仁的。但是如果只用一小杯水就妄想要滅掉一車子的柴火，這樣當然是會失敗的。」

接著，孟子話鋒一轉，回到仁的主題，說：「有些行仁道的人，只努力了一點點，就說仁道是戰勝不了歪道的，這種說法，就跟看到水滅不了火，就說火是勝過水的一樣荒謬。」

這就是有名的「杯水車薪」的原始版本。形容所需要的跟所提供或所付出的相差太遠，而無濟於事。這句話現代人還是常用到，可見孟子的創造力與想像力是受到大家所欣賞的。

歷久彌新說名句

「杯水車薪」意指力量微小、無濟於事。但是力量微小是否就一定是一事無成、註定失敗呢？可不盡然，歷史上以小勝大、以寡擊眾的故事，並非沒有。

幾乎統一北方的前秦皇帝符堅，率領了九十萬大軍，準備南下攻伐東晉，而東晉這邊卻只湊得出八萬精兵迎戰。符堅派了一位名叫朱序的人去向晉軍勸降。朱序到晉營後，不但沒有勸降，反而向晉軍統帥謝石密報了秦軍的情況。他說：「秦軍雖有百萬之眾，但還在進軍中，如果兵力集中起來，晉軍將難以抵禦。現在情況不同，應趁秦軍沒能全部抵達的時機，迅速發動進攻，只要能擊敗其前鋒部隊，挫其銳氣，就能擊破秦百萬大軍。」

謝石起初認爲秦軍兵強大，打算堅守不戰，待敵疲憊再伺機反攻。聽了朱序的話後，覺得很有道理，便改變了作戰方針，決定轉守爲攻，主動出擊。由於秦軍緊逼淝水西岸布陣，晉軍無法渡河，只能隔岸對峙。謝玄就派使者去見符融，用激將法對他說：「將軍率軍深入晉地，卻緊逼河岸布陣，這難道是想決戰嗎？如果你把陣地稍向後退，空出一塊地方，讓我軍渡過淝水，雙方一決勝負如何？」

秦軍諸將都表示反對，但符堅卻認爲可以將

計就計，讓軍隊稍向後退，待晉軍半渡過河時，再以騎兵衝殺，這樣就可以取得勝利。符融對符堅的計畫也表示贊同，於是就答應了謝玄的要求，指揮秦軍後撤。但秦兵士氣低落，結果一後撤就失去控制，陣勢大亂。謝玄率領八千多騎兵，趁勢搶渡淝水，向秦軍猛攻。朱序則在秦軍陣後大叫：「秦兵敗了！秦兵敗了！」秦兵信以爲眞，於是轉身競相奔逃。前鋒的潰敗，引起後續部隊的驚恐，也隨之潰逃，形成連鎖反應，結果全軍向北敗退（《晉書》）。

這一戰，便是歷史上著名的淝水之戰。雖說「杯水車薪」很難救得了火，但是若能夠出奇得當，制勝也不是不可能的事情。

禹以四海爲壑

名句的誕生

白圭曰：「丹[1]之治水[2]也，愈[3]於禹。」孟子曰：「子[4]過[5]矣。禹之治水，水之道[6]也。是故禹以四海為壑[7]，今吾子以鄰國為壑。水逆行[8]，謂之洚水。洚水[9]者，洪水也，仁人之所惡[10]也。吾子過矣。」

～告子章句下

完全讀懂名句

1. 白圭：名丹，字圭。戰國時周人，曾在魏國做官，擅長經營與貿易。
2. 治水：整治河水。
3. 愈：勝過。
4. 子：你。
5. 過：錯誤。
6. 道：通「導」，引導、指引
7. 壑：山溝、水坑。
8. 逆行：倒流。
9. 洚水：洪水。
10. 惡：憎恨、討厭。

語譯：

白圭說：「我治水的方法勝過大禹。」孟子說：「你錯啦。大禹治水，是順應水勢疏導，將洪水導入大海，把大海當作蓄水場。現在你卻是把鄰國當作蓄水池。倒流氾濫的水叫洚水，洚水就是洪水，是有良心的仁人最討厭的。你真是搞錯啦！」

名句的故事

戰國時期，黃河的水患問題很嚴重。《孟子》

一書中，提到治水就有十一次之多。秦始皇甚至將黃河改名爲「德水」，希望黃河可以從此溫馴順暢不再氾濫危害百姓性命。魏國有個著名的大臣白圭，不僅是個投機取巧的大商人，也是個水利專家。當時魏和齊趙是以黃河爲界的，趙魏兩國的地勢較高，齊國的地勢比較低下。因此黃河泛濫時，齊國所遭受的災害就比較嚴重，於是齊國就沿著黃河岸邊建築了一條長堤防，以防止黃河的泛濫。自從齊國沿黃河築了長堤防之後，黃河發狂的水流就轉沖向魏趙兩國去。自以爲聰明的白圭就也下令沿黃河建築一條更高的長堤防，並且沾沾自喜地向孟子吹噓說：「我治起水來可比大禹還厲害呢！」

孟子聽完，立刻毫不客氣地吐槽說：「你有沒有搞錯啊！人家大禹治水的方法可都是經過審慎思考、長遠規劃的，順著水勢，將水流疏導至大海。而你卻只是圖一時之方便，用築堤擋水的辦法讓洪水流到別國的土地上，造成氾濫，根本不顧他人的死活。這種事根本是任何有良知的人所厭惡不屑做的。而你居然還以爲自己很厲害，這也錯得太離譜了吧！」

不知道，被孟子吐槽之後，白圭的反應是如何，不過這段話的故事倒是因此流傳下來，並濃縮成一句成語：「以鄰爲壑」。人們用這個成語比喻只圖自己利益，而把困難和禍害轉嫁給別人的行爲，簡言之，就是損人利己。而後來齊桓公大會諸侯於葵丘時，所簽訂的盟誓當中，也有特別提到「無曲防」或「毋曲堤」的協議，以禁止這種損人利己的行爲。

歷久彌新說名句

清朝末年，黃河氾濫決堤高達數十次，其爲禍之烈，厥爲歷代之最。事後調查結果證明，其氾濫決堤原因，竟是河道總督諸僚屬爲了滿足貪婪私慾，而喪盡天良利用人爲方法加以潰堤，俾藉此中飽濫用修堤費用，以及剋扣抑留賑款。當時民間即有謂：「治河及防洪之最佳善策，就是將職司治河的官吏，全部梟首……」

即使身處現代文明的台灣也做過「以鄰為壑」的事情，將自己的核廢料倒在蘭嶼島上，而引起蘭嶼居民血淚的抗議。即使小老百姓也是每天都在做把自己的快樂建立在別人的痛苦上之事，君不見我們每天津津有味的高談闊論著某某名人的緋聞醜事，被狗仔隊騷擾的當事者可能痛不欲生，但眾人卻仍是一派談笑風生。

「損人利己」的劇碼天天上演，「愛人如己」的插曲也不是沒有。十四世紀初，奧地利的利奧波德將軍率領軍對攻打瑞士索洛圖恩城，他在阿勒河畔包圍了這座城。瑞士人十分勇敢，無論敵人怎樣威逼、利誘，都不投降。後來，利奧波德下令在阿勒河上搭了一座橋，想從橋上進攻索洛圖恩城。

但是這座橋搭得並不牢固。一天，橋突然斷了，正在過橋的奧軍士兵紛紛落水。見此，瑞士人爭先恐後跳下河去，把落水的奧兵一個個拖上岸來。奧兵起初十分害怕，擔心自己落在敵人手裏，不會有好下場。誰知，瑞士人不僅沒有懲罰他們，反而讓他們進城休息、吃飯，隨後把他們全部放了回去。

瑞士人的作法讓奧兵十分感激。這事在奧軍中傳開了，奧國士兵再沒人願意和瑞士人作戰。利奧波德只好帶兵離開。

毛澤東曾在寫給朋友的信上說：「世界上有三種人，損人利己的，利己而不損人的，可以損己以利人的。」大家有空的時候可以測驗一下，自己是屬於哪一種人。

齊人有一妻一妾

名句的誕生

齊人有一妻一妾而處室者。其良人出，則必饜酒肉而後反。其妻問所與飲食者，則盡富貴也。其妻告其妾曰：「良人出，則必饜酒肉而後反，問其與飲食者，盡富貴也。而未嘗有顯者來。吾將瞷良人之所之也。」蚤起，施從良人之所之，遍國中無與立談者，卒之東郭墦間之祭者，乞其餘。不足，又顧而之他。此其為饜足之道也。其妻歸，告其妾曰：「良人者，所仰望而終身也。今若此！」與其妾訕其良人，而相泣於中庭。而良人未之知也，施施從外來，驕其妻妾。

由君子觀之，則人之所以求富貴利達者，其妻妾不羞也而不相泣者，幾希矣！

～離婁章句下

完全讀懂名句

1. 良人：古代婦女對丈夫的稱呼。
2. 饜：音yan，ㄧㄢˋ，飽。
3. 瞷：音jian，ㄐㄧㄢˋ，窺視。
4. 蚤：同「早」字，清晨之意。
5. 施：音yi，ㄧ，斜行，這裏形容斜從跟隨，以免被人發現。
6. 國中：都城中。
7. 墦：音fan，ㄈㄢˊ，墳墓。
8. 訕：譏消、譏罵。
9. 中庭：庭中。
10. 施施：音shi，ㄕ，得意洋洋的樣子。

語譯：

齊國有一個人，家裡有一妻一妾。那丈夫每次出門，必定是吃得飽飽地，喝得醉醺醺地回家。他妻子問他一道吃喝的是些什麼人，據他說來全都是些有錢有勢的人。他妻子告訴他的妾說：「丈夫出門，總是酒醉飯飽地回來；問他和些什麼人一道吃喝，他說來全都是些有錢有勢的人，但我們卻從來沒見到什麼有錢有勢的人物到家裡面來過，我打算悄悄地看看他到底去些什麼地方。」第二天早上起來，她便尾隨在丈夫的後面，走遍全城，沒有看到一個人停下來和他丈夫說過話。最後他走到了東郊的墓地，向祭掃墳墓的人要些剩餘的祭品吃，不夠，又東張西望地到別處去乞討；這就是他酒醉肉飽的辦法。他的妻子回到家裡，告訴妾說：「丈夫是我們仰望而終身依靠的人，現在他竟然是這樣的！」於是二人在庭院中咒罵著、哭泣著，而丈夫尚不知情，得意洋洋地從外面回來，又跟他的老婆們大肆吹噓起來。

在君子看來，人們用來求取升官發財的方法，能夠不使他們的妻妾引以為恥而共同哭泣的，是很少呀！

名句的故事

這齣孟子所導辛辣幽默的諷刺劇不知道是否是眞實故事，因爲它實在描寫的太過逼眞與維妙維肖。這位「齊人」已經成了一個很有名的人物，所謂「齊人之福」，指的就是這位同時擁有兩個老婆的人。

齊人爲了在妻妾面前擺闊氣，抖威風，自吹每天都有達官貴人請他吃喝，實際上卻每天都在墳地裡乞討。孟子爲我們勾勒了那個時代不擇手段去奔走於諸侯之門，求升官發財的人，他們在光天化日下冠冕堂皇，自我炫耀，暗地裡卻行徑卑劣，幹著見不得人的勾當。

然後，齊人對自己所過的兩面人生活還覺得沾沾自喜、不覺得羞恥，就算世風日下、道德敗壞，但孟子認爲還是有人得仍保有羞恥之心，而這個任務就由齊人的老婆們來負責，妻妾發現了他的秘密後又咒罵又哭泣、痛苦不堪。這個安排對丈夫是雙重污辱，連自己的老婆這樣的女流之輩，都懂得什麼是丟臉而不願意做的事情，身爲一家之主的丈夫卻反而連自己的老婆都不如。

也不知道這樣必須到墦間乞食的男人，爲什麼還可以娶養得起兩位老婆。不過後人似乎大部分都忘記齊人的丟臉事蹟，而只記得他娶了兩個老婆這件事，因此而有「齊人之福」的成語流傳下來，不知道孟子若知後人的創意解讀，是否會覺得「齊人之福」的說法污辱了他的浩然之氣？

歷久彌新說名句

享有「齊人之福」的不只有齊人，還有拔一毛以利天下也不爲的「楊朱」也是。一日，楊朱去見梁王，夸夸而言治國之道就好像翻手掌一樣容易。談得正慷慨激昂時，梁王突然笑笑地說：「聽說先生家裡有一妻一妾，兩人經常爭風吃醋大打出手，你的臉也常因此而掛彩。才兩個老婆都管不了，怎麼來管天下的眾人呢！」（《列子》）

不過不是每個人的老婆都像楊朱的老婆那樣丟老公的臉，歷史上也有像齊人一樣丟老婆的臉的丈夫。春秋時齊國丞相的晏子有一個馬車夫，這個車夫總是目光向上、驕傲自滿，有一天車夫駕車從他家門經過，被他的妻子瞧見他的得意洋洋，回家後他的妻子生氣地要求要和他離婚。馬車夫一頭霧水、丈二金剛摸不著腦，詢問妻子爲什麼要離婚。老婆回答說：「晏子身不滿六尺，貴爲丞相卻謙恭自重，你身長八尺，只是當一個車夫，但卻是趾高氣揚、得意非凡，做爲你的妻子，我眞感到丟臉！」馬車夫聽完，羞愧不已，深切反省自責。爾後，晏子看到自己的車夫近來舉止改變很多，就詢問他什麼原因？車夫老老實實將妻子的教誨說了一遍，晏子聽完之後，便向齊王推薦車夫做齊國的大夫。

同爲齊人，不知孟子的齊人下場如何？不過，由兩個齊人的故事，我們可以知道，雖然中國傳統社會重男輕女，但是仍是有許多優秀聰明的女性是巾幗不讓鬚眉，非常具有禮義廉恥之心的。

君子不以天下儉其親

名句的誕生

吾聞之：君子不以[1]天下儉[2]其親。

～公孫丑章句下

完全讀懂名句

1. 以：因為、為了。
2. 儉：節省、省下。

語譯：

我曾聽說過：君子不因為天下大事，而儉省原本就應該用在父母身上的錢財。

名句的故事

孟子在齊國時，隨行的母親去世，孟子便從齊國將母親的遺體運回魯國安葬。

葬禮結束後的某一天，孟子的學生充虞上門求見孟子，說：「前些日子承蒙老師您不嫌棄我，讓我處理老夫人的棺槨之事。但由於當時老師您太忙碌，因此我在處理之時，雖然心中有些小小的疑問，卻不敢來打擾您。而現在，我很冒昧地請教老師：老夫人的棺木是否用得太貴重了一些？」

對於充虞的疑問，孟子是如此回答的：「上古對於棺槨用木的尺寸並沒有規定；中古的時候規定棺木必須厚七寸，槨木則以與棺木的厚度相稱爲准。而其實，從天子到老百姓，對棺木的講究並非僅僅是爲了美觀，而是因爲這樣才能夠表達孝心。因爲被禮制所限，所以不能用上等木料做棺槨，會使人傷心；因爲沒有錢，所以不能用上等木料做棺槨，也會使人難受。而今，既爲禮制允許，我又具備一定的財力，在古人都這麼做的情況下，我又怎麼不可以如此做呢？況且，這樣做不過是爲了不讓泥土沾上死者的屍體，難道我的孝子之心就不可以有這樣一點滿足嗎？」

「孟母三遷」的故事，讓我們知道孟子的母親不僅是一位慈母，並且在對孟子的教育上也花了很多的心思。正因爲如此，所以當母親去世之時，孟子的深刻悲傷及孺慕的孝子之心便完全表現在對母親的厚葬上。

當然，並非極力的鋪張、將親人厚葬才是「孝心」的體現，畢竟在父母死後才悲極哀慟地披麻戴孝，還不如生前對他們眞摯的一句噓寒問暖，不是嗎？

歷久彌新說名句

儒家向來主張「葬其親厚」，孟子「君子不以天下儉其親」便是這種思想的體現。但其實「厚葬」與「鋪張浪費」並非同義詞，因爲儒家的「厚葬」，講究的是精神層面的極度重視，而非物質面的追求。在儒者的心目中，隆重的喪葬及儀禮都是表達哀悽的一種方式，並非終極目標。

中國自古講究「中庸之道」，過與不及都非正道。但在漢代，盡孝者竟可以透過「孝」來獲取聲名，進而達到入仕的目的。當「盡孝」也成爲一條終南捷徑之後，致使多少人不惜傾其家產只爲了搏得好名聲。然而，這種「孝」終究只是一種表面形式，而非發出於內心。

近年來，「喪葬問題」常造成許多家庭內以及鄰里間的糾紛，經常在報章雜誌之中可以看到兄弟手足爲喪葬費用大打出手，或是左鄰右舍爲了噪音問題屢生磨擦的報導。像在一篇講述兄弟因爲對喪葬費用的分配無法達成共識，而致老死不相往來的報導，爲文者便以「君子不以天下儉其親，手足相殘爲哪樁」做爲大標題，讓人看了不勝唏噓。

其實，就像俗語說的：「樹欲靜而風不止，子欲養而親不待。」與其在親人死後大做文章，還不如在其生時便恪盡孝道，如此一來，才不會產生任何遺憾。

有不虞之譽，有求全之毀

名句的誕生

孟子曰：「有不虞之譽[1]，有求全之毀[2]。」

～離婁章句上

完全讀懂名句

1. 不虞之譽：虞是揣測之意，不虞就是出乎意料的意思，因此不虞之譽就是意想不到的聲譽。
2. 求全之毀：有意求全名節，卻招來毀謗。

語譯：

孟子說：「有猜測不到而意外獲得的好名聲，有想要求全名節卻反而遭受毀謗的情事。」

名句的故事

朱熹在《孟子集注》中引用了呂氏的評論：「行不足以致譽而偶得譽，是謂不虞之譽。求免於毀而反致毀，是謂求全之毀。言毀譽之言，未必皆實，修己者不可以是遽爲憂喜。觀人者不可以是輕爲進退。」意思是說，一個人的行爲並不值得獲得名聲，卻意外地獲得聲望，就稱爲「不虞之譽」；力求自己不會受到毀謗，卻遭受到毀謗，就稱爲「求全之毀」；這樣的毀謗與聲望不見得是眞實的，一個有修爲的人當不可因此感到悲傷或歡喜，旁觀者更不可以因此而妄下定論。

這句話恐怕是孟子行走各國多年後的感言吧！所謂「寵辱不驚，閑看庭前花開花落；去留無意，漫隨天外雲卷雲舒」（《菜根譚》）。畢竟他人所賦予的聲望、毀謗，不見得是具備客觀標準，甚而會因爲社會上的主觀意識或價值觀的錯置，發生是非混淆的輿論。

例如孟子與齊威王、齊宣王之間的互動，知遇與不知遇之間，都不是孟子所能掌控，但他堅持以王道行或不行，作爲自己去留的標準，即使不受重用而離開齊國，孟子也沒有一句怨恨之言；當然，別人也曾質疑孟子離開齊國是因爲利祿之故，但孟子卻不受影響，繼續到其他國家宣揚他的政治信念。所以孟子當是要奉勸我們對於「不虞之譽、求全之毀」，要有「寵辱不驚、去留無意」的處世態度，置人生得失於度外，千萬不要因此喪失自己的志向與抱負。

歷久彌新說名句

明朝大儒王陽明先生以孟子的這句話來自勉：「毀謗自外來的，雖聖人如何免得？人只貴於自修，若自己實實落落是個聖賢，縱然人都毀他，也說他不著……毀譽在外的，安能避的？」（王陽明《傳習錄》）好名聲、壞名聲其實都是外來的，即使是聖人也無法避免其發生，一個人最重要的還是要把持自己的修爲，如果自己眞是個聖賢人，那麼任何毀謗也無法造成傷害。

我們來看看《紅樓夢》中的一小段故事吧。薛寶釵進場後，林黛玉在榮府的地位便起了微妙的變化，寶釵不僅得長輩的喜愛，也受到丫頭們的歡迎，黛玉心中自是有忿怒之氣。一天黛玉挾著心中的怨氣，跟賈寶玉鬧起脾氣，作者曹雪芹是這樣形容兩人之間的關係：「既熟慣，則更覺親密；既親密，則不免一時有求全之毀，不虞之隙。」（《紅樓夢》第五回）黛玉越想保持兩人之間的親密，就越容易發生意想不到的嫌隙。癥結其實是，寶玉當時還沒有搞清楚黛玉藏著的心事。

一九九九年時，名作家金庸寫了一篇文章〈不虞之譽和求全之毀〉給上海的《文匯報》，目的是回應一位未曾與他謀面的王朔先生的批評，王先生在報章上發表了〈我看金庸〉一文。金庸謙虛地回應說，「我寫小說之後，有過不虞之譽」，他自己是萬萬不敢當，特別是他的著作榮登國際會議的討論主角。而對於王朔先生在文章中的「求全之毀」，批評他是「四大俗」之一，王朔的「四大俗」是指：香港四大天王，成龍電影，瓊瑤電視劇和金庸小說等四者。金庸對此更是謙虛認為自己才力有限，無法達到王朔的要求，也感謝王朔筆下留情。

金庸最後在文末頗感性地說，上天已經待我太好了，既享受了這麼多幸福，偶然給人罵幾句，命中該有，不會不開心的。這足見一個人的氣度、修養，毀譽果眞是身外之物。

民之歸仁也，猶水之就下、獸之走壙也

名句的誕生

孟子曰：「民之歸仁[1]也，猶水之就下、獸之走壙[2]也。故為淵毆魚[3]者，獺也；為叢毆爵[4]者，鸇[5]也；為湯武毆民者，桀與紂也。今天下之君有好仁者，則諸侯皆為之毆矣。」

～離婁章句上

完全讀懂名句

1. 歸仁：歸服仁德、歸服仁君。
2. 壙：音kuàng，ㄎㄨㄤˋ，原野，郊外空曠處。
3. 為淵毆魚：毆同驅，即替深水出力，將魚類趕至深水處。
4. 為叢毆爵：叢是茂密的樹林，爵同雀，即指鳥雀，為叢毆爵就是將鳥雀趕到叢林裡。
5. 鸇：音zhān，ㄓㄢ，鳥名，一種猛禽，羽色青黃，常襲擊鳩、鴿、燕雀等做為獵物。

語譯：

孟子說：「人民會歸順於有仁德的君主，就如同水會順著低處流，動物會往空曠的原野奔去一樣。所以，將魚群趕往深水處的就是水獺；將鳥雀趕往叢林裡的就是吃雀的鸇鳥；讓人民去投靠商湯、武王的就是暴虐的夏桀、商紂。只要當今天下有愛好仁德的君王，諸侯就會協助他讓人民來歸順。」

名句的故事

「大同世界」是儒家的政治願景，「仁」就是完成這個夢想的工具，「德治」就是治理國家的法則，「君君、臣臣、父父、子子」（《論語・顏淵篇》）就是理想社會造就的成果。儒家端出的是一個依照倫常秩序進行運作的國家，所以只要君主有仁德，不只是人民會自動地歸順他，連原本可能是囂張跋扈的諸侯們，都會將人民趨趕到這位仁君的身邊。只要有仁，這一切都是自發的，就像水自然會往低處流的道理一樣。

我們先說兩個故事。春秋時代鄭國大夫子產在過世之前，以執政要能「寬猛並濟」告誡後繼者子大叔。但是子大叔卻採取寬大的治術，結果鄭國便出現許多盜賊，子大叔不得已派兵將這些盜賊殺掉後，鄭國的盜賊才慢慢減少。事實上，孔子也贊成子產剛柔並濟的作風，因此子產的過世讓孔子很難過。

戰國時代，蘇秦用連橫政策去遊說秦惠王。他說，黃帝大戰蚩尤、商湯討伐夏桀、武王討伐紂王、齊桓公用兵得天下，哪有不戰爭的呢？行仁義、講信用，道理說得越明白，戰爭還是一樣發生，天下人也沒有相親；因此要折服敵國、統治人民、臣服諸侯，就非得用兵不可。當時的秦國並沒有被蘇秦說服，但是後來重用了張儀。

歷久彌新說名句

由於儒家深厚的歷史影響力，讓天下百姓「歸仁」，都是歷代君王與文武百官相互勉勵的課題。例如《漢書》記載：「自古受命及中興之君，必興滅繼絕，修廢舉逸，然後天下歸仁，四方之政行焉。」（《漢書・外戚恩澤侯表》）所謂克己復禮爲仁，禮部是官制中必然存在的單位。然而，現實社會中，人類所展現的貪婪與私慾，讓刑法也必須與禮制共存。東漢的法學家陳寵便說：「禮之所去，刑之所取，失禮則入刑，相爲表裡者也。」（《後漢書・陳寵傳》）刑罰最大的用途在於讓人民知所畏懼，一旦行爲失禮，便是刑罰發揮作用之處。

因此，法家在中國政治史上的地位，從春秋時代的子產開始算起，其實影響力根本不亞於儒家的力量，甚至超越了儒家的地位，例如漢武帝被批評爲第一位「陽儒陰法」的皇帝。事實上，要被歷史蓋棺定論爲明君、聖君，都無法拋棄儒家的「德治」學說，例如魏徵總是鼓勵唐太宗力行德治，「貞觀之治」就是當時「民之歸仁」的重要證據。

「民之歸仁」也表現出人民力量的重要性，因此從政者對於社會輿論不得不重視。例如現代傳播媒體、網際網路所發揮的社會力量，如同「猶水之就下、獸之走壙也」，讓人想擋都擋不住；有時候甚至會像洪水猛獸一樣，讓人失去獨立思考的力量，然後就被牽著鼻子走。

爲高必因丘陵，爲下必因川澤

名句的誕生

孟子曰：「為高必因[1]丘陵，為下必因川澤。為政不因先王之道，可謂智乎？是以惟仁者[2]宜在高位，不仁而在高位，是播其惡於眾也。」

～離婁章句上

完全讀懂名句

1. 因：憑藉、倚賴、借重。
2. 惟仁者：有仁心仁術、可以實行先王之道的人。

語譯：

孟子說：「要堆出一座高山，必須藉助丘陵，想挖出一道深溝，必得利用河川。處理國家大事不憑藉先王的智慧，能說是聰明嗎？所以只有一個真正的仁者才應當成為國家的元首，如果沒有仁心卻握有權力，將把禍害帶給大家呀。」

名句的故事

孟子的這句話是出自《禮記・禮器》：「故作大事必順天時，爲朝夕必放於日月，爲高必因丘陵，爲下必因川澤。」這個大事是指祭祀天地這等大事情，必須依照自然的時序來進行，就像白天是出太陽、晚上是月亮高掛；冬至祭拜天的時候，必須藉著丘陵方能堆出比較高的地方，設成祭壇；夏至祭拜地時，必須藉著較低窪的地方，設成祭壇。這是說明一個祭祀的禮節。

孟子卻用「爲高必因丘陵，爲下必因川澤」

這樣的道理來指出，作爲國家元首必須有合乎自然時節的智慧，能延續祭祀禮俗。孟子顯然是諷刺戰國時代的君王，無法延續堯、舜、周天子等治國的智慧，都不算是眞正的仁君。

春秋戰國時代的齊國，是法家思想的發源地之一，其中有一本代表性的著作叫做《管子》，這本書記述了管仲的政治理論，其特色在於以經濟觀點處理內政、外交等事務，甚至人民道德的養成也是以經濟觀點來解釋，所謂「衣食足而知榮辱」。相較於儒家圍繞在仁義道德，或者是古禮方面，《管子》所抒發出來的意見，其實更貼近春秋戰國時期的民風，也貼近執政者的意見，這或許是秦漢以下「陽儒陰法」的緣故了。

歷久彌新說名句

元世祖至元二年，命許衡議事中書省，是爲左丞相。就任之後，許衡向元太祖上疏治國之策，在談到中書省繁雜的工作時，許衡認爲要抓住兩個綱要「用人、立法」，又說：「古人有言曰：『爲高必因丘陵，爲下必因川澤，爲政必因先王之道。』」許衡認爲治理國家大事，不可隨意違背「古法」，因此強調必須先行立法。他還舉例，每個人都吃飯，卻只有廚師可以把味道調和均勻，這是因爲廚師能夠掌握其中的規則，這樣的規則是前人遺留下來的；所以治國也要能夠遵循前人的法理、建立制度，這樣人們方可以遵循。許衡認爲，只要人、法之間取得平衡，治理國家即可遊刃有餘（《元史．許衡列傳》）。

許衡說的很對，人、法之間必須取得平衡，國家政事自然得以順其道而行。有一個相反的例子，就是宋朝著名的王安石變法。王安石推行新政大都能切中宋朝的要害，但是由於王安石個性過於執拗、無法接受不同的意見，最後居然演變成當時的一些政要都不願意與他合作，雙方甚至互相攻訐，並引起宋朝最嚴重的朋黨之爭。王安石變法失敗就是人與法互相衝突所導致的最壞結果，也重挫了宋朝國勢的運作。

馮婦攘臂下車

名句的誕生

齊饑。陳臻曰：「國人皆以夫子將復為發棠[1]，殆不可復[2]？」孟子曰：「是為馮婦[3]也。晉人有馮婦者，善搏虎；卒為善士。則之野[4]，有眾逐虎；虎負嵎[5]，莫之敢攖[6]。望見馮婦，趨而迎之，馮婦攘臂[7]下車，眾皆悅之。其為士者笑之。」

～盡心章句下

完全讀懂名句

1. 發棠：指的是從官方的倉庫，拿出物資賑濟受災的老百姓。
2. 殆不可復：殆，恐怕；復，再一次。殆不可復，指的是恐怕沒辦法再說一次。
3. 馮婦：人名，姓馮，名婦。
4. 則之野：則，乃之意；之，前往。則之野，即到野外去。
5. 負嵎：負，依也；嵎，山壁邊。負嵎，即靠在山壁邊。
6. 攖：觸犯、冒犯。
7. 攘臂：振臂。

語譯：

齊國鬧饑荒。陳臻說：「全國人民認為夫子您會再去見齊王，請他把棠邑的米糧發出來賑濟災民，這件事恐怕無法再去請求吧！」孟子說：「那我就變成馮婦了！晉國有一個人叫做馮婦，原本擅長赤手空拳打老虎，後來做了一個善人。有一次，他到野外去，恰巧見到許多人追趕老虎，老虎蹲在山壁邊的高處，但沒有人敢招惹這隻老虎，大家看到馮婦來了，就向前迎接他，於是馮婦振臂下車，眾人都非常高興，但卻被有識之士所取笑。」

名句的故事

此章就是成語「重做馮婦」的原典，指的即稱人重操舊業，也有人寫為「下馬馮婦」或「再做馮婦」、「又做馮婦」。不過，關於馮婦的生平，各家說法不一，褒貶也不同。有人說，孟子並沒把故事說完，因為馮婦雖然再度打敗老虎，卻也被這隻老虎抓傷，不久後傷重不治而亡。

有人說，馮婦放棄捕殺老虎，是因為有一次他殺死一隻母老虎，發現這隻母老虎留下兩隻小老虎，他覺得小老虎很可憐，不但把小老虎放生，並改行賣菜。然而，有位大臣想要一張虎皮，因此派僕人來游說馮婦，遭到拒絕。此時，有一隻老虎想要傷人，被馮婦撞見，打退了老虎，大臣的僕人便譏諷馮婦，認為他嫌大臣出的錢太少，馮婦答道：「這是為了救人。你這麼喜歡老虎，那我就送你去老虎坑吧。」於是，這位大臣便知難而退。

明朝劉伯溫在其所著的《郁離子》中，對馮婦的記載又與其他版本有所差異。在馮婦那個年代，東甌（現在浙江南部）的人多半住在茅屋裡，因此常常發生火災。因為東甌話裡，「虎」與「火」的發音相同，因此東甌國君以為馮婦擅長滅火，以隆重的禮儀將他請來。

到了第二天，市場便發生火災，而且一發不可收拾，甚至延燒到王宮，大家便把馮婦往火裡推，希望他發揮滅火的本事，於是，只會打虎不會打火的馮婦，就被活活地燒死了。

歷久彌新說名句

與「重做馮婦」意義相同的成語，使用度最高的是「重出江湖」。當代最有名「重出江湖」例子，便是有「籃球皇帝」之稱的麥可·喬丹，三進三出美國職籃，每次復出都捲起萬丈波瀾。

一九九三年，喬丹率領芝加哥公牛隊三度稱霸美國職籃，之後第一次退休，兩年後他「重出江湖」，再度率領公牛隊完成三連霸，九八年再度退休，直到二〇〇〇年再度復出打球，加入華盛頓巫師隊，不過這一次，他再也無法宰制籃球場，終於眞正地退休了。

與「重做馮婦」意義相反的成語，最爲知名的就是「金盆洗手」。最廣爲人知的「金盆洗手」，乃是金庸《笑傲江湖》裡衡山派名宿劉正風，爲了退出江湖所舉辦的「金盆洗手」典禮。正在他正要洗手之際，與衡山派同屬「五嶽同盟」的嵩山派，突然派人大舉來到，揭發劉正風與東方神教長老曲洋互有來往，最後演變成悲劇，劉正風與曲洋雙雙慘死。

然後知生於憂患而死於安樂也

名句的誕生

舜發於畎畝之中[1]，傅說舉於版築之間[2]，膠鬲[3]舉於魚鹽之中，管夷吾舉於士[4]，孫叔敖舉於海[5]，百里奚舉於市。故天將降大任於是人也，必先苦其心志，勞其筋骨，餓其體膚，空乏其身，行拂亂其所為，所以動心忍性，曾[6]益其所不能。人恆過，然後能改；困於心，衡於慮[7]，而後作；徵於色，發於聲，而後喻。入則無法家拂士，出則無敵國外患者[8]，國恆亡。然後知生於憂患而死於安樂也。

～告子章句下

完全讀懂名句

1. 舜發於畎畝之間：舜曾經在歷山耕種莊稼。
2. 傅說舉於版築之間：傅說，殷高宗賢相，曾為築牆工人。一日殷高宗夢見傅說為賢人，舉而用之後，天下大治。版築，古人築牆，用兩板相夾，填土於板中，以杵築之。
3. 膠鬲：殷商時人，自殷適周，佐武王以亡殷。
4. 管夷吾舉於士：管夷吾即管仲，助齊桓公一匡天下。士，獄官之長。
5. 孫叔敖舉於海：孫叔敖，春秋時楚國令尹（宰相），曾隱居海濱。
6. 曾：同增。
7. 衡於慮：思慮被阻塞。
8. 入則無法家拂士，出則無敵國外患者：入指國內，出指國外。拂，假借為弼，指輔弼、匡正的臣子。

語譯：

舜從田野中興起，傅說從築牆填土的工人中被提舉出來，膠鬲從魚鹽行業中被提舉出來，管夷吾從獄官中被提舉出來，孫叔敖從海濱被提舉出來，百里奚從交易市場被提舉出來。所以，上天準備把重任降在某人身上，一定先要磨練他的意志，勞累他的筋骨，飢餓他的腸胃，困乏他的身體，使他的行為總是受到干擾，這樣便可以震動他的心意，磨練他的性格，增加他的才幹。人總是犯了錯誤，然後才能感正：心意困擾，思慮阻塞，才能發憤而起；表現在臉色上，流露在談吐中，才會被人瞭解。（一個國家）國內若沒有有法度的大臣和輔佐的謀士，國外沒有敵對的鄰國和外患的憂慮，往往容易滅亡。這樣，才能懂得憂慮患難使人生存、安逸享樂使人死亡的道理。

名句的故事

這篇文章可以說是孟子研究歷史、觀察現實人生而得來的重要心得。他說明歷史上作大事、立大業的成功人物，如所舉的舜、傅說、膠鬲、管仲、孫叔敖、百里奚等，早年皆有一段憂患艱苦的歲月；有的出身農夫、泥水工或魚鹽小販，有的甚至還曾淪爲亡命者、囚犯甚或奴隸。可想而知，在這段困頓歲月中，他們所受到的屈辱、打擊之多，有些人甚至曾受生命威脅；但即使在這樣危難的情況下，他們依舊存活下來，並且鍛鍊出能忍一般人所不能忍的堅強意志，成就非凡事業，其成功正是如孟子所言，爲憂患所賜。

接著孟子觀察現實人生，發現「人恆過，然後能改」。我們每個人都是主觀的，往往說的話、做的事自己覺得沒什麼，但對別人來說卻是一種傷害；因此，沒有人不會犯錯，最重要的是知錯能改。孔子亦說：「知錯能改，善莫大焉。」孔子更曾讚譽他所欣賞的弟子顏回，說他「不貳過」。人之可貴，正是在於這修正改過的勇氣，現實上受到挫折，反倒能激起人修正自己並向上的決心；由此可見，憂患環境確實比安樂更對人有益。

孟子由自己對現實人世沈浮的觀察，由上提升至國家生死存亡的角度，說出「入則無法家拂士，出則無敵國外患者，國恆亡」。而歷史上夏、商、周等朝代的敗亡，可說是孟子論點的最佳明證。

歷久彌新說名句

「生於憂患死於安樂」一句，由孟子之口說出後，幾已成千古名言，類似的成語還有「居安思危」、「未雨綢繆」、「防微杜漸」、「防患未然」、「曲突徙薪」等，都有身處安樂環境中，仍保有憂患意識，以防禍事發生之意。

一如孟子所言，唯有在困頓的環境中，才能歷練一個人的意志力，忍人所不能忍者，是最終能成功的人。在西方世界，亦有不少人與孟子有同樣觀感；文學家巴爾札克曾說：「苦難是人類的老師。」詩人拜倫說：「逆境是通往眞理的第一條道路。」皆與「生於憂患死於安樂」有異曲同工之妙。而最能體現逆境中求生存的人，則非宋朝大文學家范仲淹莫屬。

范仲淹兩歲喪父，母親迫於生計，只好帶著他改嫁。十歲時，他獨自離家到長白山禮泉寺苦讀，由於環境貧困，米飯對他來說是一種奢侈品，每日只能吃粥爲生。范仲淹便將煮好的粥吹涼凝結後，分成四塊，每日早晚各取兩塊，僅配鹹菜幾根。如此刻苦的生活，有誰能忍受？范仲淹卻甘之如飴。後來他到南京讀書，每日亦是焚膏繼晷，幾乎三餐不繼，但仍力學不怠。專心唸書五年後，范仲淹終於登進士第，並成爲當代一大文學家。范仲淹出身於困苦環境，十年苦讀有成，之後仍不忘其本，一生皆奉持勤儉，並且澤及家人，他所提倡的義田制度可說救濟了不少范氏宗族。

范仲淹苦學有成，功成名就後，亦能謹記教訓，說出「先天下之憂而憂，後天下之樂而樂」之名言，可見憂患境遇是促使成功的良好條件。

往者不追，來者不拒

名句的誕生

孟子之滕[1]，館於上宮[2]。有業屨[3]於牖[4]上，館人求之弗得。或問之曰：「若是乎，從者之廋[5]也？」曰：「子以是為竊屨來與？」曰：「殆非也。夫子之設科也，往者不追，來者不拒[6]。苟以是心[7]至，斯受之而已矣。」

～盡心章句下

完全讀懂名句

1. 之：前往。
2. 館於上宮：館，住宿。上宮，指上等的旅館。
3. 業屨：還在織造中的鞋子。
4. 牖：窗戶。
5. 從者之廋：從者，隨從之人；廋，藏匿。從者之廋，即被隨從之人給藏起來。
6. 拒：拒絕。
7. 是心：指求學問的心。

語譯：

孟子到了滕國，住在滕國君主所安排的高級旅館。旅館的人有一雙還沒有織好的麻鞋放在窗欄旁邊，但卻不見了，怎麼找也找不到。有人便問孟子說：「追隨夫子的人，竟然會把人家的東西給藏匿起來？」孟子回答說：「你難道以為這些人是專門為了偷麻鞋而來的嗎？」這個人說：「我想大概不會吧。夫子設立學科，宗旨是教他們培養道德，離開的不去追他們回來，前來學習的也不拒絕，只要是他們誠心為追求學問而來，夫子便收留他。」

名句的故事

儒家自從創始人孔子開始，便不斷地抬高老師的地位。至於選擇學生的標準，孔子主張「有教無類」，孟子承繼孔子的精神，收取門徒同樣不計較其愚智貧富，但也強調學術自由，並不強求學生非得留在師門不可，採取「往者不追，來者不拒」的開放態度。

孟子甚至把當老師，當成君子最快樂的三件事之一。在《孟子．盡心》中，孟子說明「君子三樂」，分別爲「父母俱存，兄弟無故，一樂也。仰不愧於天，俯不怍於人，二樂也。得天下英才而教之，三樂也」。即父母健在，兄弟沒災沒病，是君子第一件樂事，抬頭無愧於天，低頭無愧於人，這是第二件樂事，得到天下優秀的人才來教育，這是第三件樂事。

荀子更把老師列在「天地君祖」並列，奠定了老師的崇高地位，最後演變成「天地君親師」五倫，也有人稱爲五綱。不過，孟子雖然把「得天下英才而教之」當成人生至樂，但卻也說「人之患，在好爲人師」（《孟子．離婁》），認爲讀書人最要不得的毛病，就是「好爲人師」。

歷久彌新說名句

孟子所說的「往者不追，來者不拒」，原本指的是不拒絕任何一個有心向學的學生入門，但這兩句話常被運用於商業領域，指的是不拒絕任何一個可能的客人，但也不強留客人消費，不過有時候也被指爲感情不專一，見一個愛一個，對於追求者完全不予拒絕。

然而，「往者不追，來者不拒」的眞正意義，並不是好壞不挑，而應該是「海納百川，有容乃大」。「海納百川，有容乃大」典出《管子》，原文爲「海不辭水，故能成其大，山不辭土石，故能成其高」；意爲海不拒絕涓滴細流地注入，因此才能成其大，而山接納小土石，才能夠成其高，後引申爲一個人必須胸襟廣闊，才能成就大事業。

歷史上最知名的對比之一，便是西楚霸王項羽與漢高祖劉邦。項羽率兵打仗幾乎每戰皆捷，劉邦親自督戰反倒敗多勝少，項羽最後失敗在於無法容人，以致原本在帳下的優秀將才如韓信，轉而投靠了劉邦，留下來的將領被劉邦的其他將領打得落花流水，項羽獨木難撐大廈，終於將江山拱手讓給才能不如他的劉邦。

與「往者不追，來者不拒」相對的辭彙，則是「挑肥揀瘦」，也有人作「挑精揀細」、「挑三揀四」，指的是為了個人利益，反覆挑選對自己有利的。

孟子100 人性本善

是以君子遠庖廚也

名句的誕生

君子之于禽獸也，見其生，不忍見其死；聞其聲[1]，不忍食其肉。是以君子遠庖廚[2]也。

～梁惠王章句上

完全讀懂名句

1. 聲：指禽獸畏死的哀鳴聲。
2. 庖廚：廚房。

語譯：

君子對於飛禽走獸，見到牠們活著，便不忍心見到牠們死去；聽到牠們害怕死亡的哀叫聲，便不忍心再吃牠們的肉。正因此，所以君子總是盡可能地遠離廚房。

名句的故事

「君子遠庖廚」是孟子由「望之不似人君」的梁襄王處出走後，至齊國拜見齊宣王時所說出的千古名句。由於每個君王都有自己的個性，也因此，孟子也學會了以「因人而異」、「因材施教」的說服方式來面對不同的君王。齊宣王是個比較內斂的君主，因此他並非一見孟子便大剌剌地提出自己的疑問，而是委婉、含蓄地先向孟子請教「歷史」，詢問一下自己的先祖齊桓公以及晉文公的事跡，拐彎抹角地提出自己內心一直想獲得解答的問題：「如何稱霸天下。」

其實齊宣王之舉是帶有挑戰意味的，因為在春秋戰國時期，齊桓公和晉文公都是靠「霸道」一統天下，與孟子一直提倡的「王道」背道而馳。因此一旦了解齊宣王的用意後，孟子便說道：「王您若要問霸道，那我不懂。若您要是對王道感興趣的話，我倒是可以跟您談談。」

既然自己「醉翁之意不在酒」的意圖已被孟子視破，因此齊宣王也就不再遮遮掩掩，畢竟無論霸道、王道，只要是能稱雄天下的就是正道，所以他便與孟子和樂融融地討論起來。

孟子是公認的「善辯」者，而此回他所採用的「遊說」法，則是他一貫「一問一答」方式，讓人先落入自己的觀點後，再強化他的論點。而所謂「君子遠庖廚」，其實說的是一種「人皆不忍殺生」的心態，雖然最後結論是君子有不忍之心，所以在殺雞宰羊時乾脆「眼不見爲淨」地遠離廚房，不免讓人覺得有「詭辯」嫌疑，但至少中心思想，也就是在闡述「人皆有不忍之心」這點上，是絕對無庸置疑的。

歷久彌新說名句

孟子的「君子遠庖廚」的中心意涵本是想講述「世人皆有不忍之心」，並由此做爲仁心的發端，但後世對此卻有不同的解讀。

在一篇名爲《君子遠庖廚是不是掩耳盜鈴？》的文章中，便對此提出疑問，認爲君子之所以遠庖廚，是因爲仁心使然，致使仁德君子不忍見肅殺之事，亦或根本就是「眼不見爲淨」的逃避心理？當然，這是個見人見智的問題，但不可否認，有些人是有意曲解「君子遠庖廚」這句話的正確內涵，故意說連先哲都同意君子應該遠離廚房，做爲偷懶不下廚房的藉口。

著名學者南懷瑾先生便曾在其《孟子旁通》一文中幽默地提及：「近代的年輕人，當太太要他到廚房裏幫個小忙的時候，他就拿這句話來做擋箭牌。太太請原諒！孟老夫子說的『君子遠庖廚』，我要做君子，你的先生不能是小人哪！於是坐在客廳沙發上看電視，等太太把熱騰騰的菜飯端來。」

雖然偶爾開個小玩笑無傷大雅，但無論如何，我們下回再說這句話時，可千萬別忘了孟子講述「君子遠庖廚」時「見其生，不忍見其死；聞其聲，不忍食其肉」的語重心長，白白辜負了孟老夫子的一番苦口婆心。

老吾老，以及人之老

名句的誕生

老吾老，以及人之老；幼吾幼，以及人之幼[1]。天下可運於掌[2]。

～梁惠王章句上

完全讀懂名句

1. 老吾老、幼吾幼：第一個「老」和「幼」都做動詞用，第二個「老」、「幼」則做名詞。老，尊敬。幼，愛護。

2. 運於掌：在手心裏運轉，意指治理天下很容易。

語譯：

尊敬自己家的老人，並把這種尊敬推及到別人家的老人身上；愛護自己的孩子，並把這種愛護推廣至別人的孩子身上。如果能這麼做，那麼治理天下便像是在自己的手掌心裏運轉小東西一樣的容易了。

名句的故事

既然對齊宣王「行仁政好過霸政」的「誘導」已漸漸產生效果，孟子自然要再接再勵地將自己的理想發揚光大，因此在討論完「人皆有不忍之心」，也就是「仁」的發端之後，繼續對齊宣王述及「仁心」的推展，而這便是孟子著名的「老吾老，以及人之老，幼吾幼，以及人之幼」的理論。

孟子提出的「老吾老，以及人之老，幼吾幼，以及人之幼」理論，若究其根本，其實就是所謂「推己及人」的思想。正由於每個人對自家長輩都會有所孺慕、對自家孩童都會愛護有加，因此若能將「親疏」的界限打破，將這種心情推及至他人的長輩、孩童，則整個社會便能和睦，社會一旦和睦，國家自然和平穩定。

大體來說，孟子這一論調與孔子的「己欲立而立人，己欲達而達人」和「己所不欲，勿施於人」的忠恕之道有異曲同工之妙，雖然在對象上有所不同。因爲孟子出此言的目的是爲了「求諸人」，也就是希望齊宣王能因此而以「仁政」治國，而孔子則是「求諸己」，也就是講究個人的「修身」之道。

雖然孟子對齊宣王的「誘導」是以「天下可運於掌」，也就是以「如此可天下一統」爲誘因，似乎是在爲在上位提供一種可行之法，但其實這個「求諸人」與「求諸己」之間並非不能轉換，畢竟「老吾老，以及人之老，幼吾幼，以及人之幼」的思想本就具有一定的共同性與普遍性，無論是處在什麼地位、什麼環境中的人，對此都能產生相同的感悟。這種觀念應當是全人類都可以，也必須作爲立身處世的根本，不一定只是在上位者個人的責任。

歷久彌新說名句

「尊老愛幼」是中華民族千百年來的傳統美德，也是一種普遍的社會要求。在《禮記·禮運·大同》篇中便曾提及：「故人不獨親其親，不獨子其子。」與孟子所說的「老吾老，以及人之老，幼吾幼，以及人之幼」具有同等的意涵，也同樣發人深省。

「尊老愛幼」是屬於一種普世的價值，並不獨獨只有中國人才重視它的意義，外國俚語裏也有不少相似意義的話語存在，例如：「love me,love my dog」（愛我也請愛我的狗），「He that loves the tree loves the branch」（若愛這棵樹也請愛它的枝葉），其實歸根究柢都是「愛屋及烏」之意。

若開個玩笑來說，當那些「蠻夷」之地都懂得「愛屋及烏」的道理時，那麼一直號稱「禮儀之邦」的我們，是否要做得更好呢？

是故誠者，天之道也

名句的誕生

孟子曰：「是故誠[1]者，天之道也；思誠者，人之道也。至誠而不動[2]者，未之有也；不誠，未有能動者也。」

～離婁章句上

完全讀懂名句

1. 誠：誠實、忠誠。
2. 動：感動之意。

語譯：

孟子說：「所以，誠實是天所本有的道理；想要實踐誠實則是做人的道理。如果做到極為純潔的真誠，卻還無法感動人，是不可能的；無法做到誠實，是不可能感動任何人的。」

名句的故事

孟子的這句話幾乎與《中庸》第二十章裡面的話，完全相同，這也是很多人認為孟子與《中庸》之間有密切關係的緣故之一，而《中庸》這本書也談了很多「誠」的道理。我們不難發現，儒家學說中的一些基本要素，都不斷出現在相關著作中，而「誠」也是儒家強調的立身處世的根本之一。

所謂「精誠所至，金石為開」，特別能貼切形容儒家所要闡述「誠」的道理，《禮記・中庸》也說：「唯天下至誠，為能盡其性。」人性發揮到最徹底，就是要做到真誠。因此孟子以為，會想要去實踐「誠」，是做人的道理，因為它出自於人的天性。而且只有「真誠」才能夠獲得他人的信任。

孟子舉例，為人臣子如果無法獲得君王的信任，就無法管理人民；要獲得君王的信任，要先獲得朋友的信任；要獲到朋友的歡心，就要先懂得侍奉父母、討父母的歡心。如何獲得父母的歡心呢？要先反省自己是否具備誠實的本心；如何具備誠實呢？要先明白什麼叫做「善」，為善的心就是誠實的。

孟子以為誠實，是上天本有的道理，上天也賦予人的本性，具備誠實無欺的天性。因此，人如果做到至誠、最純潔的眞誠，不僅僅可以感動他人，還可以感動上天，所謂「誠可格天」就是這個道理。

歷久彌新說名句

顧炎武在〈說經〉一文中，談論善惡報應的道理。他認為「天降災祥在德」，是福是禍，都依據人是否具備善心，如易經所言「積善之家，必有餘慶；積不善之家，必有餘殃」。顧炎武並不認為眞的有上帝存在，來掌管人世間的福禍，而是認為善與不善，就像是有水就會濕、有火就會乾燥一樣，是一種自然感應出來的現象；人做善、做惡，也都會在天地間出現感應，所以他認為「誠者天之道也」。換句話說，人要用最眞誠的心去面對自己的人生，這也是上天賦予生命的道理。

邵偉靈先生是國際扶輪社的成員，他有一篇〈談誠實（HONESTY）——從一位扶輪的賢者說起〉，內容說到「誠實」之於扶輪社的團體裡面，有更多的重視與要求，除了強調會員個人能夠在家庭與事業間取得平衡，更褒揚會員在個人與事業方面，都能夠「行得正」。作者憶起其他會員眞實無欺的行徑，不禁讚美說：「這種『言必由衷』地待人接物、竭誠地處理事務，不正是孔子所說：『誠者，天之道也。』」邵先生的這篇文章非常值得一讀，他把「誠」之於個人、組織團體，以及事業上的道理，說的非常簡單卻透徹。

王紹培於〈在虛擬中疏離〉（發表於《中國報導周刊》）一文提到，大陸出現「人際關係服務公司」，有替人追求美女的，也有替人道歉的，還有代哭、租賃親人、感情陪護等等服務。對於這樣的「新事業」，作者稱爲「在虛擬中疏離」，意思是「原人或實體所具有的功能則由替代物來提供」，替代品的必要性甚至高過實體本身。作者舉例，道歉原本是需要親自做的工作，現在只需繳個錢，別人就會將之完成。

這個必須去道歉的人，只有金錢損失，並不需要付出精神上的承擔，更遑論說心裡會浮現寬恕之情。所以王紹培結論：「在虛擬化的過程中，最大的缺失是人際關係中最爲寶貴的元素誠懇不見了。」因爲虛擬化一個自己去道歉的現象，根本是缺乏感情的，既然沒有感情的存在，也不可能有誠懇的存在。其實，在虛擬網路中，情感的眞實與否，都是我們應該愼思的，以免欺騙了自己與別人的感情。

無惻隱之心，非人也

名句的誕生

人皆有不忍人之心[1]。先王有不忍人之心，斯有不忍人之政矣。以不忍人之心，行不忍人之政，治天下可運之掌上。所以謂人皆有不忍人之心者，今人乍[2]見孺子將入于井，皆有怵惕[3]惻隱[4]之心，非所以內交[5]于孺子之父母也，非所以要譽[6]於鄉黨朋友也，非惡其聲而然也。由是觀之，無惻隱之心，非人也；無羞惡之心，非人也；無辭讓之心，非人也；無是非之心，非人也。

～公孫丑章句上

完全讀懂名句

1. 不忍人之心：不忍看到別人處於痛苦的憐憫心與同情心。
2. 乍：突然、忽然。
3. 怵惕：驚懼、恐懼。
4. 惻隱：哀痛、同情。
5. 內交，結交，內同「納」，結納之意。
6. 要譽：搏取名聲。要同「邀」，求。

語譯：

每個人都有憐憫、體恤他人、不忍見他人處於痛苦的心情。先王們由於擁有這種心情，因此才會制定出體恤百姓的政策。用憐憫體恤他人的心情來施行政策，治理天下就像在手掌心裏運轉東西一樣的容易了。之所以說每個人都有憐憫體恤別人的心情，是因為，如果今天有人突然看見一個小孩要掉進井裏面去了，必然會產生驚懼同情的心理——而這並不是因為想去和這孩子的父母結交，也不是因為要想在鄉鄰朋友中博取聲名，更不是因為厭惡這孩子的哭叫聲才產生的。由此看來，沒有同情心者，不是人；沒有羞恥心者，也不是人；沒有謙讓心者，更不是人；沒有是非心者，根本不是人。

名句的故事

在孟子的觀念中，人之所以爲人，之所以與禽獸不同，便是因爲人能具有「惻隱之心」、「羞惡之心」、「辭讓之心」與「是非之心」四種心態，簡稱「四心」。而對應著這「四心」發散出來的道德表現，則是「仁」、「義」、「禮」、「智」，也就是所謂的「四端」。

可以這麼說，孟子將仁、義、禮、智這四個帶有社會涵義的概念說成是人性中先天所具有的，而人在後天，只不過是在保持及不斷擴充這「四端」，或者任其慢慢消亡。正因爲「四端」會隨著人的「不留意」或者「有意忽略」而消亡，因此如何保持及擴充這「四端」，便成爲孟子在提出自己的「性善」學說之後，專心致意去宣揚的又一重點。

除去在個人修養外，在政治上，孟子也不遺餘力勸導四方君王必須施行「仁政」思想，而此「仁政」思想，也正是本著這「四心」與「四端」而來。正因爲在孟子的觀念中，這「四心」人皆有之，因此施行「仁政」並非不可爲，而只是君王們「不想爲」。

但我們必須注意一點的是，孟子所謂的「惻隱之心」並不是「婦人之仁」，因爲人的「惻隱之心」並非無「度」的放縱個人同情心，它必須在一定的準則之下，也就是在經過理性的思考，在符合道德法則的情況下發散，否則便會流於「濫情」。

孟子「無惻隱之心，非人也」的指摘可說是相當的嚴厲，但正因爲明白體恤、憐惜他人之心是人本有，若不是看著世人此心漸漸被利益或冷漠所蒙蔽，孟子怎會如此的語重心長、感慨萬千呢！

歷久彌新說名句

孟子的「惻隱之心」可說是儒家學說中極爲重要的論點之一，並且自此也成爲文人們論述「仁」心時最經常使用的範例。但若在「惻隱之心」之前加上一個「無」字，則講述的不僅僅是人無「仁心」，甚至有時還成爲「禽獸」的代名詞。

像《前秦・苻朗・苻子》中便曾提及：「觀刑曰樂，何無惻怛之心焉。」看人遭刑罰不僅不心痛，還心存看熱鬧、取笑之意，如此「無惻怛之心」之人，也就是孟子所說的「無惻隱之心」之人，確實禽獸不如。只是古時的文人終究不忍將「禽獸」二字說出口，而用「無惻隱之心」來暗諷，痛心之意溢於言表。

到了今天，「惻隱之心」的用法一如過往，還是「同情心」與「仁心」的代名詞，因此像「請喚醒惻隱之心——低級動物養育子女與人一樣不易」之類的標題屢見不鮮。但有一個現象不可不提，那就是有時人們總會錯誤地將「惻隱之心」等同於沒有原則的「婦人之仁」，因此像這樣的標題：「個人惻隱之心與群體公正意識的衝突」，或者是「操盤策略：杜絕惻隱之心」四處可見。

下回，無論是在做文章或是看文章之時，我們一定得特別留心這個問題，因爲沒有原則、沒有立場的「一念之仁」，其實並不是眞的「仁」，有智慧、有寸度的「惻隱之心」才是眞正值得提倡的。

聽其言也，觀其眸子，人焉廋哉

名句的誕生

孟子曰：「存[1]乎人者，莫良於眸子。眸子不能掩其惡。胸中正，則眸子瞭[2]焉；胸中不正，則眸子眊[3]焉。聽其言也，觀其眸子，人焉廋[4]哉？」

～離婁章句上

完全讀懂名句

1. 存：觀察。
2. 瞭：眼睛明亮之意。
3. 眊：音，máo，ㄇㄠˊ，眼睛看不清楚的樣子。
4. 廋：音，sóu，ㄙㄡ，隱匿、藏起來。

語譯：

孟子說：「觀察一個人，再沒有比觀察他的眼睛更好的了。眼睛無法掩蓋一個人的醜惡。心中光明正大，眼睛就會明亮；內心不端正，眼睛就會黯淡不明。所以，聽一個人說話的時候，注意觀察他的眼睛，他的善惡真偽哪裡能隱藏住呢？」

名句的故事

「望聞問切」是中醫看診的四個方法。第一個方法就是「望」，觀察氣色之外，還要觀察眼睛的清濁昏明，因爲人體內部器官的健康狀況，可以由眼睛反映出來；而眼睛的清濁昏明也反映出一個人的心術端正與否。例如《大戴禮記．曾子立事》便記載：「故目者，心之浮也；言者，行之指也；作於中，則播於外也。故曰：以其見者占其隱者。」眼睛是人心思的浮現，言語是人行爲的指標；心中所想的，會散發到外表，所以要用一個人所表現出來的外在，來觀察他隱藏於內心的眞正想法。

孟子也認爲，心胸端正，眼睛就會明亮有神；心胸不端正，眼睛就會看起來昏暗不明。如同漢朝王充所補充的：「孟子相賢，以眸子明瞭者，察文以義可曉。」（王充《論衡》）王充說，孟子看眼睛明亮者，就知道對方是個賢達人士，這如同我們看文章所展現的義理就可以了解文章的內容一樣。因此，聽一個人說出來的話，並觀察他的眼睛，他的內心善惡眞僞，怎麼可能掩飾得住呢？

歷久彌新說名句

中國以楷書名傳後代的書法家鍾繇，是三國時期曹魏的太傅，他最小的兒子鍾會從小就很聰明，而當時的中護軍蔣濟曾經寫過「觀其眸子，足以知人」這樣的一篇文章，因此鍾繇就帶著他的兒子去拜見蔣濟。蔣濟看到鍾會後非常驚訝，稱讚鍾會「非常人也」。果然，鍾會身具各項才藝，精通名家的理論（意即辨別是非同異的理論），官至尚書中書侍郎，並賜爵關內侯（《三國志・魏書・鍾會列傳》）。

《皇朝經世文編》有收錄一篇文章叫做〈河防述言〉，其中第四部分「任人」談論到選擇治河的用人獎懲問題。其中便說到：「孟子不云乎，聽其言也，觀其眸子，人焉廋哉。蓋應對舉止之間，其人之智愚敬忽，大略可見。」從一個人應對中的談吐、眼神，就可以約略知道一個人的聰明才智與工作態度了。

另外，《皇朝經世文續編》的「刑政」單元中，收錄了一篇文章〈青平賊影〉，談的是如何利用觀察人的外在舉止來抓到賊人。其中記載：「孟子觀其眸子一語，即相人之要。每見賊匪到案，其目睛閃轉不定，與良善迥別，良善間有被扳赴質，雖形悚懼，初無流視之狀，以此決之，百不失一。」賊匪跟普通百姓不一樣的地方，在於他們的眼睛一定是四處流轉、閃爍不定，而善良老百姓雖然會害怕，眼神卻不會這樣。因此，有沒有抓到對的賊匪，從眼神就可以知道了。

義大利文藝復興時期畫家達文西也曾經說過：「眼睛是心靈的窗戶。」心裡怎麼想，眼睛就會怎麼說話，這可能是達文西創作人物畫的心得。有個辭叫做「溜眼睛」，就是用眼睛來表達心裡面的情意，也可以說「眉來眼去」。有一句歇後語則叫做「泥毬換眼睛」，就是說一個人有眼無珠，比喻這個人見識淺短之意。白居易的〈長恨歌〉便說：「回眸一笑百媚生，六宮粉黛無顏色。」我們就知道楊貴妃的眼睛是多麼會說話了。

苟得其養，無物不長

名句的誕生

孟子曰：「苟[1]得其養，無物不長；苟失其養，無物不消。孔子曰：『操[2]則存，舍[3]則亡[4]；出入[5]無時，莫知其鄉[6]。』惟心之謂與？」

~告子章句上

完全讀懂名句

1. 苟：如果、假設。
2. 操：持、拿。
3. 舍：同「捨」，拋棄、丟棄。
4. 亡：消失，失去。
5. 出入：出外與入內。
6. 鄉：嚮、向。

語譯：

孟子說：「如果得到良好的養護，沒有東西不能生長；如果失去護養，沒有東西不會消亡。孔子說：『把握著就存在，放棄了就喪失；出去進來沒有定時，無人知道它的去向。』說的大概就是心吧？」

名句的故事

雖然孟子是「人性本善」的倡導者，但是他似乎花了更多的篇幅在強調後天環境對人影響的重要性。他曾經用大麥的生長來做比喻（告子篇），而這次的比喻對像則是牛山裡的樹。他說：「牛山的樹木曾經很繁茂，因爲它處在大都市的郊外，常用刀斧砍伐它，還能保持繁茂嗎？那山上日夜生長，受雨露滋潤的樹木，不是沒有嫩芽新枝長出來，但牛羊接著又放牧到這裏，因此成了光禿禿的。」

當然，孟子的重點不在於牛山的樹，他話鋒一轉，把焦點轉到人身上：「就說在人的身上，難道會沒有仁義之心嗎？有些人之所以喪失他的善心，也就像刀斧砍伐樹木一樣，天天砍伐，還能保住善心的繁茂嗎？儘管他日夜有所滋生的善心，接觸天明時的晨氣，而使他的好惡之心同一般人也有了少許相近，可是他白天的所作所爲，又將它攪亂、喪失了。反覆地攪亂，那麼他夜裏滋生的那點善心就不足以保存下來；夜裏滋生的善心不足以保存下來，那他離禽獸就不遠了。」

牛山會長樹，就像人會長善心一樣，是天經地義的事。「如果得到良好的養護，沒有東西不能生長；如果失去護養，沒有東西不會消亡。」換言之，即使人天生的條件是好的，但是這個美善的特質，還是必須有後天環境的誘發、培養，才能盡情發揮出來。孔子說：「把握著就存在，放棄了就喪失；出去進來沒有定時，無人知道它的去向。說的大概就是心吧？」

孟子不厭其煩地用反詰的方式強調，可別因爲「牛山光禿禿的，就以爲這是牛山的本性」，可別因爲「人們有時會像禽獸一樣，就以爲他是不配擁有善良的」。總之，只要有像孟母一樣注重環境教育的母親，每個人都有機會成爲孟子。

歷久彌新說名句

電視廣告詞這樣寫著：「如果喝了××奶粉，就可以像小樹一樣長的又高又壯。」這大概就是孟子所說的「苟得其養，無物不長」的現代版。有了肥沃的土壤，小樹可以長高長壯。有仁慈的君主這樣的養分、照料，人民也才能夠安居樂業、幸福快樂。漢代的賈誼是一位很有學識的文人。聰慧好學，極有才華，很早就被封爲博士。而他的工作就是要負責培養、教導出一位好君主。

漢文帝請他負責培育、訓練梁王劉揖。梁王是漢文帝最寵愛的兒子，文帝指望他將來能繼承皇位，所以要他多讀些書、增廣學識。賈誼則回答文帝說：「輔導皇子，教他讀書固然重要，但更重要的，是教他怎樣做一個正直的人。假使像秦朝末年趙高教導秦二世胡亥那樣，傳授給胡亥的是嚴刑酷獄，所學的不是殺頭割鼻子，就是滿門抄斬。所以，胡亥一當上皇帝，就亂殺人，看待殺人就好像看待割茅草一樣，不當一回事。這難道只是胡亥的本性生來就壞嗎？他之所以這樣，是教導他的人沒有引導他走上正道，這才是根本原因所在。」(《漢書．賈誼傳》)

後來，賈誼果然非常認眞、全心全意地輔導梁王。可是梁懷王不愼騎馬摔死，賈誼自傷沒有盡到太傅的責任，因此終日鬱鬱不樂，常常哭泣，一年多後就死了，死時才三十三歲，無法為人民再培養、訓練一位有為的君主。

非天之降才爾殊也

名句的誕生

孟子曰：「富歲[1]子弟多賴[2]，凶歲[3]子弟多暴[4]。非天之降才[5]爾[6]殊也，其所以陷溺[7]其心者然也。今夫麰麥[8]，播種[9]而耰[10]之，其地同，樹[11]之時又同，浡然[12]而生，至於日至[13]之時，皆熟矣；雖有不同，則地有肥磽[14]，雨露[15]之養，人事之不齊[16]也。故凡同類者舉相似也，何獨至於人而疑之！聖人與我同類者。」

～告子章句上

完全讀懂名句

1. 富歲：豐年也。
2. 賴：借也。
3. 凶歲：收成不好，鬧飢荒的年歲。
4. 暴：兇暴強橫、殘酷兇惡。
5. 降才：上天賦與的能力、稟性。
6. 爾：這樣，如此；殊：不同。
7. 陷溺：陷入、沉溺；喪失本性，沈迷不悟。
8. 麰麥：麰，音mou，ㄇㄡˊ。麰麥：大麥。
9. 播種：散布種子於土壤中，使其生長。
10. 耰：音you，ㄧㄡ，本為農具名，此處作動詞，指用土覆蓋種子。
11. 樹：動詞，種植。
12. 浡然：興起、旺盛。
13. 日至：即夏至。
14. 磽：土壤堅硬貧瘠，不適宜耕種。
15. 雨露：雨水、露水。
16. 齊：使同等、一致。

語譯：

孟子說：「豐收年成，少年子弟多半懶惰；災荒年成，少年子弟多半橫暴。不是天生資質不同，而是由於外部環境使他們的心有所陷溺而變成這樣子的。比如種大麥，播了種，耙了地，然後用土把種子覆蓋好，同樣的土地，同樣的播種時間，麥子蓬勃地生長，到夏至的時候，全都成熟了。雖然有收獲多少的不同，但那是由於土地有肥瘠的差別，雨水有多有少，人照顧方式不同造成的。所以凡是同類的事物，其主要方面都是相似的，為什麼一說到人，就產生了疑問呢？聖人和我們其實也是同類。」

名句的故事

本篇名句探討的是環境教育對人的影響。大家應該都還記得孟子有名的媽媽「孟母」常常搬家的故事。孟媽媽爲了讓兒子有好的環境教育，不怕顛沛流離的四處搬家，最後落腳於學校旁邊，於是兒子終於變成了有名的學問家。

孟子雖然被當成小白老鼠來實驗，但他一點都不以爲意，認爲自己能有今天的成就，確實是母親注重環境教育的功勞。他用家境的富裕貧窮對子女的影響，來說明後天環境的重要：「豐收年成，少年子弟多半懶惰；災荒年成，少年子弟多半橫暴；不是天生資質不同，而是由於外部環境使他們的心有所陷溺。」孟子認爲當人生活在富足的年代便容易養成懶惰的性格，而生活在飢荒戰亂的年代便容易養成暴力的性格。

人之容易受環境的影響，喜歡比喻舉例的孟子，還舉出種植大麥的原理，來說明人就像大麥一樣，會受到土地、雨水、人工等的影響。

其實，拿孟子本身的例子，更能說明環境對人的影響。孟子小時候住在葬儀社的隔壁，他就每天模仿那些辦喪禮的人哭泣喊叫，孟母看到了，二話不說立刻搬家；後來搬到市場屠夫的隔壁，孟子就模仿起殺豬的動作與玩起買賣的遊戲，孟母看到了，知道又得搬家了；最後終於搬到學校附近，而孟子也就開始用功唸書起來。

歷久彌新說名句

莎士比亞曾說：「昇平富足的盛世徒然養成一批懦夫，困苦永遠是堅強之母。」我們常常聽到在困苦的環境當中，努力奮鬥而功成名就的故事。

雖然因困苦的環境而奮鬥成功，很讓人敬佩。但是能夠在太平盛世，還隨時要求自己要能日日有長進、不能鬆懈，則是更大的挑戰。個子長得不高的晏子就是這樣的人。他是齊國宰相，輔佐齊王把齊國治理得井井有條。晏子手下有一位名叫高繚的，爲官三年，從沒做過什麼錯事，可是有一天，晏子卻把高繚給免職了。晏子左右的人都感到很奇怪，覺得不合情理，於是他們勸阻晏子說：「高繚侍奉先生三年，對先生向來都是言聽計從，並沒出過什麼差錯呀。甚至，先生理當給他一定的爵位才是，怎麼反而把他辭掉呢？」

晏子對左右勸阻的人搖頭說：「我是一個有很多缺點的人，正如一塊彎彎曲曲的木料，必須用規矩來定方圓，要用斧子來削，用鉋子來刨，才能造就一件好的器具。我手下的人，就應像這些規、矩、斧子、鉋子，幫我去掉那些不能成器的地方，以利我更好地幫齊王治國。可是高繚和我一起做事已經三年了，對於我的缺點、過錯，從來沒提出過任何批評意見，也沒作過任何糾正。我並非聖賢，平時作爲中難免有失誤，可是高繚只是一味順從我、稱讚我，這對我替齊王工作又有什麼好處呢？非但沒有，反而有害。所以我決定辭退高繚，原因就正是你們所說的『高繚無過』。」

古語曾說：「雖有良劍，不鍛鍊則不鋒利；雖有良弓，不排檠則不正；雖有良吏，不鼓舞則不振。」晏子大概就是把自己當成弓和劍，不斷地操磨訓練，所以才被後世永遠地懷念、稱讚。

是豈水之性哉？其勢則然也

名句的誕生

孟子曰：「水信[1]無分於東西。無分於上下乎？人性之善也，猶水之就[2]下也。人無有不善，水無有不下。今夫水，搏[3]而躍[4]之，可使過顙[5]；激而行之，可使在山。是豈水之性哉？其勢則然也。人之可使為不善，其性亦猶是也。」

～告子章句上

完全讀懂名句

1. 信：誠，真。
2. 就：趨向。
3. 搏：拍打。
4. 躍：跳起、飛躍。
5. 顙：額，音sang，ㄙㄤˇ，額頭。

語譯：

孟子說：「水流的確是不分東西向，但是，難道也無不分上下流向嗎？人性向善，就像水往低處流一樣。人性沒有不善良的，水沒有不往下流的。當然，如果水受拍打而飛濺起來，也能使它高過人的額頭；阻擋住水叫它倒流，也能使其逆流到山上。這難道是水的本性嗎？形勢迫使它如此的。人之所以可以迫使他做壞事、變得不善，他本性的改變也正像這樣。」

名句的故事

有一次孟子碰見告子（告子就是那位曾經說過「食、色，性也」的人，據說是墨子的學生），二子討論了一個人生大秘密：究竟人性到底是善或不善。首先，告子拿水來做比喻：

「人性就好像洪水急流，東邊缺了口就向東流，西邊缺了口就向西流，人性之無分善不善也，猶水之無分東與西也。」

好口才的孟子微微一笑、不疾不徐地說：「水固然是向東流也行，向西流也行，但難道它向上流也行，向下流也行嗎？」不知道聽到這話告子的表情如何，他怎麼會忘了水只能往下流這回事。孟子繼續侃侃而談：「人的本性之向善，就像水往下流一樣。人是沒有不往向善發展的，就好像水是沒有不往下流的。」

不過，雖然孟子只是主張人之「初」、性本善，人之「後」，他倒也清楚實際的清況，他繼續用水比喻：「雖然水是往下流的，但是如果你拍打它，水也是可以飛躍過額頭的；阻擋住水叫它倒流，也能使其逆流到山上。」換言之，孟子認爲，如果有外力、外在環境影響介入，還是可以改變水的本性的。而人也是一樣，「人之所可以使他做壞事、變得不善，這種改變本性的情形，也是因爲外力使然。」

簡言之，孟子認爲人會做壞事，不是因爲本性，而是因爲外在因素。至於，爲什麼水向下，會是指人性之向善，而不是向惡。這一點不論是告子還是孟子都沒有解釋。

歷久彌新說名句

古語云：「近朱者赤，近墨者黑。」而墨子也對人容易受污染的情況非常有感觸。有一次，他在經過一家染坊時，看見工匠們將雪白的絲織品分別放進熱氣騰騰的染缸裏，浸泡良久後取出，再晾曬時就變成不同顏色的織物了。墨子仔細地觀察了染絲的全過程後，頓有所悟，不覺長嘆一聲，自言自語地說：「本來都是雪白的絲織品，而今放到青色顏料的染缸裏浸泡後就變成了青色，放到黃色顏料的染缸裏浸泡後就變成了黃色。所用的顏料不同，染出來的顏色也隨之不同。如果我們將白絲先後放到五種不同顏色的染缸裏各染一遍，它就會改變五次顏色了。如此看來，染絲的時候，人們就不能不謹愼從事啊。」

墨子有感而發，可以染的不只是絲而已，還

有一個國家、一個人也都存在著要染成什麼顏色的問題。「湯染於伊尹，故王天下；殷紂染於惡來，故國殘身死，爲天下僇。」

殷紂王，亦稱帝辛，是商王朝的末代天子。辛的身材高大壯實，長相俊美。他資質過人，許多事一學就會、一看就懂，而且多才多藝、巧言善辯。他力氣很大，曾經徒手與猛獸格鬥，將九頭牛拖著往後走。一次，宮室的一根杜子壞了，他竟用手托著屋梁，讓人將壞柱子換掉了。

紂王自恃聰明，看不起群臣，更以爲天下人都不如自己。他嫌竹筷子不好，讓玉工做象牙筷子。紂王征討有蘇氏，有蘇氏將其女兒妲己獻出。妲己長得太美了，紂王被她的姿色所迷，對她言聽計從。爲了討妲己喜歡，紂讓樂師涓創作新的靡靡之音樂曲和名爲「北里」的舞蹈。還在朝歌城裏，用七年時間建成一座周三里高千尺的臺觀，以玉石爲門，瓊玉爲室，取名鹿臺。並加徵賦稅，搜括了無數的錢財放在鹿臺上。又擴大王室園囿沙丘，弄了許多飛禽走獸放在裏面，用活人餵養猛獸。

紂王更加淫亂昏庸，微子啓多次勸諫不聽，嘆息：「如今殷朝要滅亡了，就好像在汪洋大水中，沒有岸，也沒有渡船。」他想自殺，又想逃跑。比干以死強諫，紂王憤怒地說：「我聽說聖人的心臟有七個洞，今天我就要看一下。」活活地剖開比干的胸膛，取出心臟。箕子也害怕了。有人勸他說：「還是逃吧！」箕子回答：「明明知道勸諫沒有用還要說，是不明智。以自己的死去彰揚君王的過失，是不忠。作爲大臣去討好民眾，我又不忍心。」於是散開頭髮，撕破衣服，裝成瘋子，給人去當奴隸。

總之，紂王身邊並不缺乏可以讓他染成好顏色的優秀賢能的大臣，但是他還是只喜歡接近好阿諛奉承、貪贓好賄的費仲或惡來這樣的人。「人之可使爲不善」，除了外在環境，似乎還是有自己應該擔負起的責任。

四海之內皆將輕千里而告知以善

名句的誕生

孟子曰：「夫[1]苟[2]好善[3]，則四海之內，皆將輕[4]千里而來，告之以善。夫苟不好善，則人將曰：『訑訑[5]，予既[6]已知之矣。』訑訑之聲音顏色，距[7]人於千里之外。士止於千里之外，則讒[8]諂[9]面諛[10]之人至矣。與讒諂面諛之人居，國欲治，可得乎？

～告子章句下

完全讀懂名句

1. 夫：音扶，語氣詞。
2. 苟：如果。
3. 好善：喜歡聽取善言。
4. 輕：易，容易，不以為難。
5. 訑訑：音 yi，ㄧˊ，傲慢自信，不聽人言的樣子。
6. 既：盡，都。
7. 距：同「拒」。
8. 讒：說陷害人的壞話。
9. 諂：巴結，奉承。
10. 諛：討好逢迎。

語譯：

孟子說：「假如喜歡聽取善言，四面八方的人從千里之外都會趕來把善言告訴他；假如不喜歡聽取善言，那別人就會摹仿他說：『呵呵，我都已經知道了！』呵呵的聲音和臉色就會把別人拒絕於千里之外。士人在千里之外停止不來，那些進讒言的阿諛奉承之人就會來到。與那些進讒言的阿諛奉承之人住在一起，要想治理好國家，辦得到嗎？」

名句的故事

魯國打算邀請孟子的學生樂正子（複姓樂正，名克）治理國政。身爲老師的孟子與有榮焉地說：「我聽到這消息，簡直歡喜得睡不著覺。」也是孟子學生的公孫丑很少看到夫子這麼高興，就問：「是因爲樂正子很有能力嗎？」孟子搖搖頭說：「不是。」公孫丑又問：「是因爲他很有智慧有遠見嗎？」孟子說：也不是。」公孫丑問：「見多識廣嗎？」孟子說：「不。」

連三不之後，公孫丑實在一頭霧水：「那您爲什麼高興得睡不著覺呢？」孟子回答說：「是因爲他爲人喜歡聽取善言。」公孫丑覺得很奇怪，這有什麼好高興的？又問：「喜歡聽取善言就夠了嗎？」孟子說：「喜歡聽取善言足以治理天下，更何況治理魯國呢？」

爲什麼喜歡聽取善言，就足以治理天下？孟子解釋，因爲「假如喜歡聽取善言，四面八方的人從千里之外都會趕來把善言告訴他」。如此一來，即使樂正子本身沒有那麼優秀完美，但是全天下優秀完美的人都會跑來獻計、爲他所用，擁有全天下的賢人，集思廣益，還怕治理不好天下嗎？

此外，喜歡聽取善言還有一個好處，當好人都來了，那些喜歡進讒言、阿諛奉承的小人就會逃得遠遠的。相反的，如果不喜歡聽取善言，那麼好人不近，喜歡阿諛奉承的小人就會聞風而至，如此，別說治理魯國，就算治理自己的家可能都治理不好了。

歷久彌新說名句

古語云：「良藥苦口利於病，忠言逆耳利於行。」我們這裡卻有一個忠言逆耳卻是利於病的有趣例子。《史記》中記載了扁鵲慧眼識病，三勸齊桓侯的故事。

春秋戰國時代，有位神醫叫做扁鵲，他不需要把脈，只是觀察病人的神情，就能知道病況。有一次，扁鵲路過齊國，齊桓侯以客接待扁鵲，進入朝庭見面，扁鵲一見面就說：「君有疾在皮膚表面，如果不治就會嚴重。」桓侯自覺身體硬朗，很不以爲然地說：「我沒有病。」扁鵲出去後，桓侯對左右人說：「這位死要錢的醫生，沒病說成有病。」過了五天，扁鵲又去見他，說：「你的病已到了血脈，不治療會更嚴重。」桓侯開始有點覺得刺耳：「寡人沒病。」扁鵲出去後，桓侯很不高興。又過了五天，扁鵲又去見他，說：「你的病已到了腸胃間，不治療不行。」桓侯覺得什麼跟什麼嘛，乾脆不理他。又過了五天，扁鵲又去見他，大老遠看見桓侯，就轉身退而離去。桓侯覺得很奇怪，就派人去問明原因。扁鵲說：「如果疾病位置在皮膚，湯熨一下就可以治好；進到血脈，用針石也可以治好；進到腸胃，用酒醪方法也可以治好；但進入骨髓，就無可奈何了。現在桓侯的病已進到骨髓，我是沒有辦法了。」過了五天，桓侯真的病了，派人去召扁鵲來，但扁鵲已經逃離開齊國。不久桓侯便死掉了。

齊桓侯沒有理會扁鵲的忠言勸告，等省悟過來時，爲時已晚。可見不聽逆耳忠言，不僅會礙於行，還有可能會致命呢。但是如果喜歡聽取忠言、善言，則不僅可能救自己一命，還可能統一戰國六雄，成爲一統天下的帝王。

西元前三六一年，年方二十一歲的秦孝公即位，勵精圖治，在國中頒佈了「求賢令」。果然吸引到滿懷雄圖壯志的商鞅，收拾行囊，攜帶著李悝的《法經》，頭也不回地西奔入秦。在寵臣景監的引見下，秦孝公與商鞅見面三次，最後終於三拍而合，成就了秦國的統一大業。由此可知治理好一個國家並不單單靠執政者個人的能力、智慧和學識，就算在上位者像樂正子一樣什麼優點都沒有，唯一的優點就是「好聽取善言」，那麼也就等於擁有全天下了。否則如果是「馬屁悅耳利於行」之類的上位者，那麼就會如莎士比亞所說的：「大半個世界都在愚昧中失去了。」

取諸人以爲善，是與人爲善也

名句的誕生

子路，人告之以有過，則喜。禹聞善言，則拜。大舜有[1]大焉，善與人同[2]，舍己從人，樂取於人以為善。自耕稼、陶、漁以至為帝，無非取於人者。取諸人以為善，是與人為善[3]者也，故君子莫大乎與人為善。

～公孫丑章句上

完全讀懂名句

1. 有：同「又」。
2. 善與人同：與人共同做善事。
3. 與人為善：與，偕同、共同之意。

語譯：

別人指出子路的過錯，他便很高興。大禹聽到有益的話，就向人拜謝。偉大的舜帝又超越了他們：總是與別人共同行善事，並可以捨棄自己的短處，學習人家的長處，非常快樂地吸取別人的優點來行善。從他種莊稼、做陶器、捕魚直到做帝王，沒有哪個時候不向別人學習。吸取別人的長處來行善，也就是與別人一同來行善。所以君子的最高德性莫過於與別人共同行善。

名句的故事

孟子藉「聞過則喜」的子路、「聞善則拜」的禹，以及舜「與人爲善」的例子，來闡述自己「與人爲善」，也就是「善與人同」的思想。

大家都知道孟子向來主張「性善」，但「性善」中提及的「善」與「與人爲善」的

「善」，意義上其實有些不同。因爲「性善」之「善」指的是人本心中的「善根」、「善念」，也就是「仁心」；但「與人爲善」之「善」，卻是指「行善」。

而同樣的，今天我們常說的「與人爲善」，是指善意地幫助別人，與孟子這裏所表達的意思雖密切相關，但又有所不同。因爲孟子此處所說的「與人爲善」就是與別人「一同行善」，而其基礎是吸取別人的長處，改正自己的短處。

從「聞過則喜」到「聞善則拜」，再到「與人爲善」，雖然三者看似在程度上有些差異，但其實本質都是同樣的，也就是樂於接受別人對自己缺點的指摘，然後努力地完善自己。而由這些例子之中，我們正可看出聖哲們之所以被人敬仰，正因他們擁有如此寬廣胸襟以及大氣量。

儘管對一般人來說，要做到如子路、禹、舜的程度會有些困難，但至少我們還是應該盡可能地做到「知錯能改」、「樂於助人」等方面的，不是嗎？

歷久彌新說名句

孟子對於所謂的「與人爲善」，可以說是身體力行，由他不畏艱難與挫折地四處遊說各君王行仁政以利天下、安百姓，便可看出他的仁德之心。

就像前面提過的，孟子的「與人爲善」是與「改正自己短處」、「吸取旁人長處」相提並論，並且有連帶關係的。但演變到了今天，慢慢地，人們已經將「與人爲善」單獨地提領出來，讓它不僅可以獨立存在，並且還變成了一個稱頌他人，或者用以自勉的一個詞語。例如許多報章雜誌之中便常出現這樣的標題：「盡其在己與人爲善——訪某某人」、「輿論監督不能與人爲善」……

而更有時，「與人爲善」還成爲一種形容他人個性的詞語，例如當說某人「不與人爲善」時，則通常表示這個人孤僻、不好相處，而在國外，形容這種人時，用的還是一個相當有趣的形容「She／He is a tough cookie」（她／他是一塊硬餅乾）。

曾經，印度的聖雄甘地有一回乘火車，一隻鞋子掉到了鐵軌旁，而此時火車已經開動了，鞋子再也無法再撿回來，於是甘地急忙把穿在腳上的另一隻鞋子脫下來扔到第一只鞋子的旁邊。一位看到這種情形的乘客有些不解地問甘地爲什麼要這樣做，甘地則笑著說：「因爲這樣一來，看到鐵軌旁有鞋子的窮人就能得到一雙完整的鞋子。」

在今天看來，甘地的行事絕對是「與人爲善」的最好表率，而其行爲背後「仁心」的發見，更與千年前孟子的「仁德」思想遙相呼應，令人神往。

大人者，不失其赤子之心者也

名句的誕生

孟子曰：「大人[1]者，不失其赤子之心[2]者也。」

～離婁章句下

完全讀懂名句

1. 大人：有德行的君子。
2. 赤子之心：赤子是指嬰兒、小孩，赤子之心就是像孩提一般純潔無邪的心。

語譯：

孟子說：「有德行的君子，就是能保持像孩提一般純潔無邪的心的人。」

名句的故事

「大人」與「赤子」看似兩種不同的元素，卻被孟子的一句話結合在一起；《聖經》上也有提到過，如果不能像小孩一樣，是無法進入天國的。不論孟子或《聖經》，他們想要表達的是一種做人的境界，是期許世人在繁華的花花世界中，一樣能夠出淤泥而不染，用像孩提般純潔無邪的態度對待周圍的人和事。「赤子之心」才是最接近我們心靈的本相。

孟子所謂的「大人」不是單單指有德行的人，還包括孟子常常提及的「大丈夫」，「大丈夫」要能夠作到「居天下之廣居，立天下之正位，行天下之大道」，「富貴不能淫，貧賤不能移，威武不能屈」。在《易經》的乾卦中，對「大人」的定義更是讓人一目了然，《易經》上說：「與天地合其德，與日月合其明，與四時合其序，與鬼神合其吉凶。」大人者就是要有符合天地之德，要有像日月一樣的光明，要能配合四季的運行，要能與天地鬼神契合。這樣的條件，也只有聖人才能達到了。

《老子．第二十八章》也提到：「常德不離，復歸於嬰兒。」如果做到眞常不變的德性不離開我們的本心，我們也就回到像嬰兒一樣了。老子與孟子的想法，看起來似乎很像，但是究其因，孟子的「赤子之心」是指天生的善良本性，這樣的本性可以依靠後天的修爲所達成；但是老子的理念則是主張無知無識的自然本性，而且是否定人類社會的倫理規範。

歷久彌新說名句

「大人者，不失其赤子之心」是陸九淵思想中的重要主題，他曾經在〈與李宰書〉中詮釋：「『天之所以與我者』，即此心也。」意思是說，上天賦予我們的就是這樣純潔無邪的心靈，就是孟子所說的赤子之心，而且人人都有這樣的本心。

唐宋八大家之一的柳宗元，在〈亡姊前京兆府參軍裴君夫人墓誌〉中記述：「必敬必親，下以不失其赤子之心，姻族歸厚，率由是也。」柳氏稱讚他過世的姊姊，做人恭敬親和，並且保有一顆赤子之心，因此死後夫家爲她舉辦隆重的喪禮。我們可以說，柳宗元的姊姊因爲用赤子之心去對待週遭的人，因此獲得大家無比的敬重。

近代作家林語堂先生，在其〈人生的盛宴〉一文中以爲：「哲學家的任務是去發現並取回已經失掉了的東西，據孟子的見解，這裏所失掉的便是『赤子之心』。」他並進而舉例孟子說：「其所以放其良心者，亦猶斧斤之於木也」。意思是說，就好像山之於樹木一樣，如果山沒有樹木也就不成其爲山；人如果沒有赤子之心，也就不以成其爲人了。

因此，當我們這樣如同孩提般的眞心，經過世俗的洗鍊，而早已不復見時，唯有依賴道德修養、宗教洗滌，再次去發覺這樣的世界，讓這個眞實的心靈世界，可以展現在我們的人生態度中。

求則得之，舍則失之

名句的誕生

故曰：「求則得之，舍[1]則失之。或相倍蓰[2]而無算者，不能盡其才者也。《詩》[3]曰：『天生蒸[4]民，有物有則[5]。民之秉[6]彝[7]，好是懿德[8]。』孔子曰：『為此詩者，其知道乎！故有物必有則；民之秉彝也，故好是懿德。』」

～告子章句上

完全讀懂名句

1. 舍：同「捨」，捨棄、丟棄。
2. 蓰：音xǐ，ㄒㄧˇ，五倍。
3. 詩：本句詩引自《詩經・大雅・蒸民》。
4. 蒸：眾。
5. 則：法則。
6. 秉：執。
7. 彝：常。
8. 懿德：懿，美。懿德，美德。

語譯：

所以說：「探求就可以得到，放棄便會失去。人與人之間有相差一倍、五倍甚至無數倍的，正是由於沒有充分發揮他們的天生資質的緣故。《詩經》說：『上天生育了人類，萬事萬物都有法則。老百姓掌握了這些法則，就會崇高美好的品德。』孔子說：『寫這首詩的人真懂得道啊！有事物就一定有法則；老百姓掌握了這些法則，所以崇尚美好的品德。』」

名句的故事

公都子是孟子的學生，向老師學了不少辯論技巧。一日，他有備而來，舉出了三方觀點，來向老師孟子挑戰人究竟爲何是善的。

首先，他搬出告子的觀點，作爲破題，告子說：「人性無所謂善良、不善良的區別。」然後，他舉例闡述這個論點：「有人說：『人性可以使它善良，也可以使它不善良。所以周文王、周武王當朝，老百姓就善良；周幽王、周厲王當朝，老百姓就變得橫暴。』」

繼續，他又舉出更多強而有力的例子，來證明人性無分善不善。「又有人說：『有的人本性善良，有的人本性不善良。所以雖然有堯這樣善良的人做天子，卻也有象這樣不善良的臣民；雖然有瞽瞍這樣不善良的父親，卻有舜這樣善良的兒子；雖然有殷紂王這樣不善良的侄兒，並且做了天子，卻也有微子啓、王子比干這樣善良的長輩和賢臣。』」

公都子舉了三種人們常見的說法後，向老師擲出最後一擊說：「如今老師卻說『人性本善』，那麼難道這些說法都是錯誤的嗎?」

關於人的本性究竟爲何的問題，春秋戰國時期大概有三種論點，一是荀子的「性惡說」，一是告子的「性無善惡說」，還有就是孟子的「性善說」。對於公都子強而有力的論證，孟子究竟如何招架呢?首先，他澄清：「有些人變得不善良，那不能歸罪於天生的本性或資質。」他認爲，變得善良，是要去探求就能得到它們，放棄就會失掉它們。有些人會去探求，有些人則是放棄，結果善與不善的人的差距就愈來愈大，「有一倍、五倍甚至無數倍」，這是因爲能與不能充分表現人原本的天性的緣故。

然後，不知道是不是因爲公都子引用了許多「人們說」，孟子也以「其人之道，反治其人之身」，他搬出了詩經和孔子說（似乎比公都子簡單的人們說更佔上風）。《詩經》上說：「上天生育了人類，萬事萬物都有法則。老百姓掌握了這些法則，就會崇高美好的品德。所以愛好美德。」孟子繼續搬出孔子對這段詩句的評論：「寫這首詩的人眞懂得道啊!有事物就一定有法則；老百姓掌握了這些法則，所以崇尚美好的品德。」

既然公都子引用了許多別人的說法來論證，孟子因此也不自己上場，而搬出詩經和孔子來抗辯。不知道讀者是否也認爲薑還是老的辣，這一輪似乎是孟老師佔了上風。

歷久彌新說名句

孟子說：「求則得之，舍則失之。」除了相貌等外在條件是天生非求而來的，後天的人品修養之好壞，其實只有自己能夠負責。我們看看唐代有名的宰相狄仁傑的故事，就可以瞭解賢者是如何「求而得之」。

年輕時候的狄仁傑入京參加考試，路上見有眾人聚集，趨前探看，見一巨牌大字寫著：「能療我兒，酬絹千疋。」而那位公子皺眉揪心，痛苦不堪，好像隨時會死去的樣子。狄仁傑擅醫藥，尤妙針術，便說：「我能治。」他的用針出神入化，那孩子痛苦的面容立刻可見明顯的舒緩。他的父母親又哭又拜，恭敬地把千疋絹奉上。狄仁傑只是簡短地說一句：「我做的是實踐我的志向，而不是販賣我的針灸技術。」說完，掉頭就走。

狄仁傑當秋官侍郎的時候，和也是秋官侍郎的盧獻聊天，狄公說：「我的這個狄字，乃是犬傍火。」盧獻回答說：「犬旁有火，乃是煮熟狗。」這對白是諷刺唐代武后（武則天）臨朝時，奸佞小人滿佈朝廷，狄仁傑在朝爲官的處境，就好像熊熊火焰中間的一隻狗，稍一不慎就會被煮熟了！

後來，狄仁傑當上宰相，處境更是辛苦，明末大儒顧炎武就曾形容狄仁傑出任宰相，是力挽狂瀾於欲倒。有一次，武則天將一件珍貴的地方貢品集翠裘送給寵臣張昌宗，要他披著和自己玩雙陸（賭博遊戲）。這時狄仁傑剛好進來奏事，武則天令他入座，要狄公與昌宗賭雙陸。

武則天問：「你們兩人要以什麼爲賭注呢？」狄仁傑搶先回答說：「賭昌宗身上穿的那件裘衣。」武則天回問：「那你以什麼對賭呢？」狄公指著身上穿的「紫袍」說道：「我賭這件官服。」武則天聽完笑著說：「賢卿，你不知道昌宗穿的這件裘衣，價逾千金吧，你們賭的價值不相等呀！」

這時，狄仁傑站起來說道：「臣此袍，乃是大臣朝見奏對之衣；昌宗穿的，是嬖幸寵遇之服。拿他那件賭臣的紫袍，我還覺得不值呢！」武則天也就同意狄仁傑的賭注。後來狄仁傑果眞贏得了那件集翠裘，拜了恩之後，還沒走出宮門，就把集翠裘送給家奴穿，騎著馬走了。

由以上簡短的故事，我們可以看到狄宰相一生如何「求」的過程。第一個「求」，他可以選擇治病拿錢，但是結果他求的是助人不求回報。第二個「求」，他可以選擇同流合污，眾人皆醉，我當然也醉；但是他沒有，他選擇「清醒」，追求「出污泥而不染」。這些小「求」加起來，讓他得到流傳歷史的賢相之美譽。

出入相友，守望相助

名句的誕生

孟子曰：「死[1]徙[2]無出鄉，鄉田同井[3]，出入相友[4]，守望相助[5]，疾病相扶持；則百姓親睦。」

～滕文公章句上

完全讀懂名句

1. 死：指死後安葬。
2. 徙：遷居。
3. 鄉田同井：同鄉之田、同井之家，古時八戶人家共用一井，同鄉之人一起種田。
4. 友：陪伴。
5. 守望相助：相互幫助，共同守衛。

語譯：

孟子說：「百姓有了固定的產業，不論下葬或遷居，都不會離開自己的家鄉；同鄉的人同在一塊井田工作；出入都有陪伴，可以互相幫助、共同守衛家園；有了疾病會互相救助，那麼百姓自然親愛敦睦了。」

名句的故事

滕文公向孟子請教治國之道，孟子談起了井田制度。他說，滕國雖然土地狹小，但是也有官吏、也有農人；如果沒有官吏就無法治理農民，沒有農民就沒有人供養官吏，因此滕國應該要實行井田制度，以及徵收十一稅。孟子繼續建議，每戶人家如果有年滿十六歲而尚未獨立的男子，即每人授田二十五畝。

孟子立意甚好，如果每戶人家都擁有自己可

以耕種的田產，日出而作、日落而息，有安定的生活方式，有足夠的糧食得以溫飽，也可以糧食換取生活上的必需品。所以古時候的人很少遷居，從出生到老死，幾乎都是在自己的家鄉，這樣也創造出緊密的鄰里關係，家家可以相互幫助、相互扶持，也使得社會較爲安定。社會安定，君王治理國政自然也就容易多了。

那麼「井田」是什麼呢？孟子說，把一方里的土地劃分成井字，每井九百畝，八家各分田一百畝，中央則是公田，由大家共同耕作。公田就是要用來供養他人的，私田是農民自己的收入。井田制度也說出兩個重點，一是血緣，另一是地緣，血緣是親戚關係，地緣則是同鄉關係。在中國傳統社會中，親戚多半會互相照顧，同鄉也是一樣，特別在政壇上，同鄉多半會互相提拔。這就以農立國衍生出來的效益。

歷久彌新說名句

「出入相友，守望相助，疾病相扶持，則百姓親睦」，說的就是中國以農立國、樸實務本的日常生活。因此，同鄉之田、同井之家，常常是執政者治理地方的重要憑藉，例如《漢書．食貨志》記載：「教化齊同，力役生產可得而平也。」學制、生產量與稅收、服役等等，都與耕作的土地、居住的鄰里息息相關。

又例如所謂「使先耕者亦與兵同其射獵，則農亦可化爲兵。而兵與民之情膠固，守望相助，出入相友。民之情亦與地膠固，戰則同力，守則同堅。」（《皇朝經世文編》〈子曰足食足兵民信之矣〉）農民可以學習涉獵，士兵亦可屯田，兩者身份通常是可以互換的，士兵與一般百姓如果相處的好，即可互相幫助。

鄰里包含生產單位、軍事單位、政治單位，所以中國的地方主義勢力往往爲朝廷所重視。朝廷運用得體，則可保家衛國；運用不當，朝廷往往坐如針氈。例如清朝的團練制度，在白蓮教起事、太平天國之亂、捻亂等等，都發揮很大的功效，有名如曾國藩的「湘軍」，就是從團練演變而來，由同鄉子弟所組成，爲清廷剿平太平天國之亂，立下很大的功勞。

孟子100 浩然正氣

彼一時，此一時也

名句的誕生

彼[1]一時，此[2]一時也。五百年必有王者[3]興，其間必有名世者[4]。

～公孫丑章句下

完全讀懂名句

1. 彼：從前。
2. 此：現在。
3. 王者：即指行王道者，王道就是王者之道。
4. 名世者：輔佐王者，德行聲明均為世人所推崇的賢人。

語譯：

從前是一種情形，現在又是另一種情形。由歷史來看，每隔五百年都會有一個聖王出現，其間也會出現一個輔佐聖王的賢人。

名句的故事

在戰國諸侯當中，孟子一直認爲齊國是最有實力效法周朝、統一中國的國家，特別是齊威王在位三十六年、齊宣王在位十九年，這段時間可說是齊國的全盛時期。孟子就像孔子一樣周遊列國，希望推行「王天下」的政治理想，他對齊國確實充滿期待，然而最後的結局只能說，孟子與齊國沒有緣份啦！

本文的故事便是發生在孟子第一次造訪齊國。齊威王當時正值打敗魏惠王的興頭上，對孟子這樣的學者來訪實在沒多大的興趣，雖然齊威王有派人傳話邀請孟子前去朝廷，但是有個性的孟子也展現學者的堅持，託言婉拒。所以雙方實際上根本沒有見面，也沒有談話，孟子便離開齊國，轉而遊歷他國。

路程中，孟子的學生充虞以爲老師對於受到這種待遇感到不高興。孟子便說「彼一時，此一時也」，現在的情勢跟以前不一樣了，每五百年會出現一位明君，同時也會出現一位輔佐明君的賢者，但是從周朝開國到現在，已經有七百年了，照道理應該會有聖賢出現，但是到現在卻都沒看見。孟子很有志氣地說，要使天下太平，現在除了他孟子還有誰呢？他感受到這樣的天意，哪會有不高興的呢？

歷久彌新說名句

漢朝多智的文學家東方朔，著有一篇漢賦名作〈答客難〉，他虛擬出一位「客」，作爲文中對談的主角。這位「客」嘲諷東方朔既然「博聞辯智」，爲什麼無法像蘇秦、張儀一樣位極人臣呢？東方先生便嘆道：「彼一時也，此一時也，豈可同哉？」時代不一樣了，怎麼可能會有同樣的結果呢？

話說漢朝末年，劉備、關羽、張飛結爲異姓兄弟之後，便投靠朱雋，並跟隨討伐黃巾餘黨。當時有一名餘黨叫做韓忠，因爲寡不敵眾，派人出城投降，但是朱雋不同意。劉備便告訴朱雋，當年漢高祖之所以得天下，是因爲能招降納順。朱雋立刻回道「彼一時，此一時也」，漢高祖起義時，是天下大亂之際，必須要用招降賞附的方式聚結有志之士，但是現在的黃巾黨人卻是在天下統一時起兵造反，只要遇到阻礙就選擇投降，所以朝廷一旦接受，就等於是養虎爲患（《三國演義．第二回》）。

目前最熱門的「彼一時此一時也」現象，是在演藝圈。自從林志玲帶動模特兒受矚目的風潮，許多搭順風車的「名模」紛紛嶄露頭角，成爲另類的明日之星。還有所謂名媛淑女們也開始商品的代言活動，讓人眼睛最爲之一亮的就是微風廣場的孫芸芸，和力霸集團王令麟的千金。普羅大眾的口味是多變而且善變的，原來這才是能夠創造「此一時彼一時也」的最佳推手。

當今之世，舍我其誰

名句的誕生

孟子說：「夫天未欲平治天下也；如欲平治天下，當今之世，舍[1]我其誰也？吾何為不豫哉！」

～公孫丑章句下

完全讀懂名句

1.舍：放棄、除去、除開。

語譯：

孟子說：「上天大概不想讓天下太平吧；如果要和平地治理天下，當今這個世界上，除了我還有誰呢？我為什麼不快樂呢？」

名句的故事

「捨我其誰」是一句琅琅上口的成語，其根源就是出自孟子的這一句名言。當孟子與充虞一同離開齊國時，充虞以爲孟子因爲受到不尊重的待遇，所以感到不高興。孟子非但不然，反而心平氣和地說道理給充虞聽。平治天下、捨我其誰？乍聽之下，以爲孟子充滿傲氣，事實上孟子是將天下大任放到自己肩上。然而，遇到齊威王這樣不識人才的君主，孟子的「捨我其誰」，多少帶有自我嘲諷的意味吧！

「捨我其誰」充分顯示儒家理論入世的性格，政治參與是改善天下社會的重要途徑。然而，在秦朝大一統帝國出現之前，人們對政治參與的經驗是有限的，君王對於是否要用「專業理論」來輔佐國政，這樣的需求也是不明確的。因此，「百家爭鳴」的時代中，能夠讓君王獲得最大利益的「專業理論」，自然會受到最多的關愛眼神。孟子即使有當仁不讓的氣魄，但是「民貴君輕」的旗幟，對當時為了爭霸天下，常犧牲百姓利益的君王們來說，似乎是太礙眼了。

歷久彌新說名句

漢高祖打算要另立太子，呂后便去找張良商議對策，策動四位八十多歲的老者，跟著太子去向漢高祖祝壽。席間，這四位年高德邵的人表明這位太子「為人仁孝，恭敬愛士，天下莫不延頸欲為太子死者」，成功地阻止漢高祖另立太子的計畫。後來漢高祖形容當時為太子的漢惠帝是「鴻鵠高飛，一舉千里。羽翮已就，橫絕四海」，很難撼動了。漢高祖的讚辭與孟子的「如欲平治天下，當今之世，舍我其誰也？」確有異曲同工之妙，只是漢朝當時真正有「捨我其誰」野心的人，卻是漢高祖自己的夫人呂后。

清代儒將曾國藩寫過一篇文章〈聖哲畫像記〉，其中記述：「我朝學者，以顧亭林氏為宗……吾讀其書言及禮俗教化，則毅然有守先待後，舍我其誰之志，何其壯也。」曾國藩稱讚顧亭林的文章內容，對於保存先人成就，等待後人來承繼發揚的任務，有當仁不讓、「捨我其誰」的志向。而宋朝范仲淹的「先天下之憂而憂，後天下之樂而樂」，如果沒有對天下的憂懷、肩負天下之「捨我其誰」的大志，怎能說出如此深刻的道理呢？

法鼓山聖嚴法師曾經自述，他在年過四十之後，還發憤到日本留學，就是抱著發揚佛教、「捨我其誰」的志向，終於取得博士學位，回台灣之後並成立中華佛學研究所。《慈濟月刊》第三九一期的「取經之行」這個單元中，有一篇小短文〈賑災，慈悲與智慧的鍛鍊〉，讓人讀後心中充滿慈悲。有一段話是這麼寫的：「新手成老手，老將帶新兵，在拔苦予樂的菩薩道上相互扶持，在超凡入聖的修行路上相互成就，舍我其誰。」如果我們不像聖人一樣有天下大任捨我其誰的胸襟，也要有平凡人圓滿佈施天下萬物，捨我其誰的智慧。

有爲者亦若是

名句的誕生

舜何人[1]也，予何人也，有為者亦若是！

～滕文公章句上

完全讀懂名句

1. 何人：什麼樣的人。

語譯：

舜是什麼樣的人？我是什麼樣的人？有作為的人就應該像舜一樣！

名句的故事

話說滕文公以世子身份奉命出使楚國的去回程中，都特別前去拜見正在宋國的孟子。滕文公的去程，孟子以堯舜之道爲例證，對他闡述施行仁政的道理；滕文公的回程，孟子引用顏淵說過的話：「舜何人也，予何人也，有爲者亦若是！」來勉勵滕文公師法堯舜之道。

緣起於齊桓公得到管仲、隰朋的輔佐，寫下「尊王攘夷」的歷史地位，孔子對此推崇不已，也希望自己能夠輔佐聖君、施行仁政。孔子這樣的政治抱負也澤及於他的弟子，都期許能成爲像管仲、隰朋一樣，獲得一位聖君的賞識。而根據史籍記載判斷，齊桓公四十一年時，管仲、隰朋離開人世後，齊桓公便不若以往明君之姿，霸業也開始走下坡。可能是受這樣的歷史背景影響，讓顏淵感嘆聖君的消逝，有感而發地說出：「舜何人也，予何人也，有爲者亦若是！」（《十三經注》，阮元刻本）

孟子用這句話鼓勵滕文公，言語之間充滿「大丈夫當如此耳」的氣魄，滕文公多少也不負期待，爾後幾乎每事必向孟子請益。只是對於一個事齊事楚都無法自己決定的國家而言，怎麼會有能力施展孟子鴻圖的抱負呢？

歷久彌新說名句

宋朝知名的文人范仲淹，他的兒子范純仁頗有乃父之風，從布衣官至宰相，抱持「忠恕」作爲他處世的態度，也以此教育他的子弟。他曾告誡弟子說：「六經，聖人之事也，知一字則行一字，要須『造次顚沛必於是』，則所謂『有爲者亦若是』爾，豈不在人邪？」意思是說，六經是記錄聖人的言行，知道一個就去奉行一個，不論在任何世道不安的局面，也要能夠把持去行聖人之道，所謂「有作爲的人就應該要這樣」，不就是端賴個人的選擇嗎（《宋史．范純仁列傳》）？

除了范純仁把這句話作爲教育子弟的標準之外，我們所熟知的《三字經》當中，便有：「唐劉晏方七歲，舉神童作正字，彼雖幼身已仕爾，幼學勉而致，有爲者亦若是。」唐朝立志當清官的劉晏，七歲時就通過童子科的考試，他出口成章、對答如流，因此作了翰林院的正字官。所以雖然年紀小，只要勤勉努力、奮發向上，也可以像唐晏一樣有所作爲。

有一本書《舞孃變醫生》（心靈工坊出版），是描述妓女羅倫歷經皮肉生涯、嗑藥、憂鬱症、懷孕墮胎，甚至產下智能障礙的過動兒後，她如何能夠堅持到底，最後成爲一個好醫生，立志在風化區行醫，照護性工作者的故事。在本書的推薦序中，賴其萬醫師用〈舞孃變醫生，有爲者亦若是〉的標題，讓我們從平凡中見偉大，「不管現實環境多不理想，只要有毅力，沒有什麼不可能的事。」

有爲者，果眞亦若是，沒有什麼不可能的事情，除非你自己選擇放棄自己！

富貴不能淫，貧賤不能移，威武不能屈

名句的誕生

孟子曰：「居天下之廣居[1]，立天下之正位[2]，行天下之大道[3]；得志與民由之，不得志獨行其道：富貴不能淫[4]，貧賤不能移[5]，威武不能屈：此之謂大丈夫！」

～滕文公章句下

完全讀懂名句

1. 廣居：天下的意思。
2. 正位：中正之位，或指天子之位。
3. 大道：仁義之道。
4. 淫：迷惑。
5. 移：改變。

語譯：

孟子說：「將天下視為自己的安身處，立於天下的領導者位置，將仁義之道遍行天下；得志的時候，與百姓一起發揚仁義之道；不得志的時候，還是堅持自己的原則。金錢、地位不能惑亂我的心志，貧窮低賤不能使我改變操守，面對權勢壓迫，亦堅貞不屈；這樣才算是大丈夫！」

名句的故事

景春是戰國時期的一位縱橫家，他問孟子：「公孫衍、張儀難道不算是大丈夫嗎？只要他們一怒去遊說秦王發動戰爭，各國諸侯就感到害怕；當他們賦閒在家時，天下戰火就會平熄。」孟子立刻加以否認，並批評公孫衍、張儀如同妻妾奉承丈夫一樣，只知奉承諸侯，怎麼能算是大丈夫呢？

孟子接著說明眞正大丈夫應該具備「富貴不能淫，貧賤不能移，威武不能屈」等三個條件。那如何去做呢？首先心態要調整爲「得志與民由之，不得志獨行其道」，而執行的方法就是「居天下之廣居，立天下之正位，行天下之大道」。孟子說到最後，還是回到儒家的仁義之道。

歷久彌新說名句

「富貴不能淫，貧賤不能移，威武不能屈」至今仍可作爲我們探索人生的價值。人生在世，有錢有地位，是好事，但若因此而驕奢意淫，腐敗墮落即由此產生；富貴不能淫不僅是人生警示，也是個人的道德操守。貧賤雖不是人們所想望，但也不是件可恥的事情，不以不正當手段擺脫貧窮，就是貧賤不能移的高尚情操。即使在高壓、淫威、權勢及武力面前，都能不屈不撓，守得住、站得直，就是威武不能屈，是作爲一個人的道德底限。

《北京青年報》有一篇報導〈新聞記者要做到「富貴不能淫」〉，執筆者潘洪其提及，有些新聞記者收受賄賂，作不實報導。他認爲「新聞記者擔負著報導事實和進行輿論監督的神聖職責」。他進一步說：「『富貴不能淫』同樣是一條最基本的職業道德底線，突破了這條底線，就是對記者職業的褻瀆。」這不僅僅是對新聞從業人員，我們在自己的工作崗位上，也都應該有同樣的堅持。

蘇武囚於北海十九年，始終守節不屈，文天祥殺生成仁，捨生取義，皆是體現「富貴不能淫，貧賤不能移，威武不能屈」的偉大人格力量。由此可見，孟子這句令人蕩氣迴腸的名言，影響了後世多少中國文人的心靈。

這句名言到了現代，亦出現俏皮的「誤用」。在一九九七年香港即將回歸中國大陸時，曾引起一陣移民恐慌，有人說：「香港的窮人是『貧賤不能移』。」以此說明移民風潮僅止於富人，苦哈哈的窮人還是不得不留下來。雖然完全曲解了孟子的原意，但也可見文字意義隨時間的流傳多變。

不直，則道不見

名句的誕生

孟子曰：「吾今則可以見[1]矣。不直[2]，則道不見[3]；我且直之。」

～滕文公章句上

完全讀懂名句

1. 見：讀，jiàn，ㄐㄧㄢˋ，見面的意思。
2. 直：糾正。
3. 見：讀，xiàn，ㄒㄧㄢˋ，通現、顯現的意思。

語譯：

孟子說：「我今天可以見他了。我如果不糾正他的想法，儒家的道理就無法發揚光大；我還是直接糾正他。」

名句的故事

有一個墨子學說的信徒叫做夷之，他透過孟子學生徐辟的介紹，要去求見孟子，不巧孟子生病了。過了幾天，夷之又請徐辟代他轉達求見之意。孟子得知後便覺得一定要見見夷之，因爲他認爲墨家主張「薄葬」，對於喪事的辦理應當節儉用度，可是夷之卻「厚葬」他自己的父母，這與夷之所信奉的墨家理念是相反的。

徐辟將孟子的話轉告給夷之。夷之辯稱：「愛護世人並沒有親疏等級的分別，我不過是先從自己的父母開始做起。」徐辟將這話傳給孟子，這下可讓孟子抓到矛盾之處了。孟子發現，夷之信奉墨家的道理，卻做出跟墨家學說相反的行爲，卻還堅稱是從自己父母實行兼愛的主張。孟子接著發揮他說故事的功夫。

孟子說，古時有個人不埋葬自己的父母，將父母的遺體隨意放在荒郊野外，後來經過這個地方看見野獸、鳥蟲聚集在屍體上爭食，這個爲人子的看到這種情況，不禁感到不忍心，於是趕快將父母下葬。孟子認爲，如果這樣做是對的，那麼爲人子女的之所以選擇厚葬自己的父母，也是有一定的道理。

徐辟聽完後告訴夷之，夷之很失望，只說：「孟子已經教導我了。」夷之最大的錯誤在於，一方面信奉墨家的學說，另一方面不知不覺地作出儒家的主張。至於孟子，只是用一個簡單的故事來比喻，便將儒家的道理「孝」顯現出來了，眞理果眞是越辯越明。

歷久彌新說名句

「不直，則道不見」，足見孟子體認自己身負儒家學說的發揚重任，也讓孟子的口才發揮到極點。西洋古希臘時期的哲學家蘇格拉底，世稱「街頭哲學家」，也喜歡在街頭與人對談，透過討論的過程找到所謂眞正的智慧。而在古希臘時期還有一個哲學學派稱爲「詭辯學派」，顧名思義這個學派的哲學家口才一定很好，而他們也喜歡透過演講的方式說服群眾，最注重的理念也是圍繞在政治領域。事實上，詭辯學派的主要目的在於培養政治人物，而不是辯駁知識眞理。

中國有一部重要的史籍《戰國策》，該書主要記載了戰國時代的謀臣策士於遊說各國君主或互相爭辯時，所提出政治主張、外交策略，全書完整呈現戰國時期之謀臣策士無與倫比的能耐。這些策士，也是「不直，則道不見」，讓他們的主張充分應用在當代社會。例如李斯的〈諫逐客書〉，不僅文辭暢達，更是比喻不斷、條條精采，不僅解救自己被逐的困境，還將他所侍奉的秦國推向另一個歷史高峰。

漢朝東方朔一次得知，漢武帝要處死殺了上林苑的鹿的獵人，群臣爲了討好漢武帝，都附和著說此人該殺。東方朔則不以爲然，心想居然要爲了一頭鹿，殺掉一個人。他靈機一動便告訴漢武帝：「這人應該讓他死三遍。第一大罪，他讓陛下為了鹿殺人；第二大罪，他讓天下都知道，陛下重鹿輕人；第三大罪，當匈奴來侵犯時，便可用鹿去驅殺敵人。可是如果鹿死了，人也死了，誰去對抗敵人呢？」漢武帝聽完後知道是自己的決策錯誤，便放了獵人。東方朔的辯才及時糾正了漢武帝，讓他明瞭為人君的道理，也救了無辜的獵人一命。

天下之不助苗長者寡矣

名句的誕生

天下之不助苗長者寡矣。以為無益而舍之者，不耘[1]苗者也；助之長者，揠苗者也；非徒[2]無益，而又害之。

～公孫丑章句上

完全讀懂名句

1. 耘：除草。
2. 非徒：不但，不僅。

語譯：

普天之下不以拔高禾苗去幫助禾苗生長的人是很少的。認為進行田間管理是無益處而放棄不幹的，是不鋤草的人；用外力去幫助禾苗生長的，便是那拔高禾苗的人，只是這樣作不僅沒有益處，反而會傷害它。

名句的故事

「天下之不助苗長者寡矣」這句話，是孟子在對公孫丑講述如何「養浩然之氣」時所舉的一個例子。

有個宋國人由於擔心他的禾苗長不高，因此便用手去提禾苗的頂端，試圖將它拔高，好能夠早日收成。在他好不容易將整個田中的禾苗都拔高，並且疲倦至極地回到家裏後，他迫不及待地告訴家人：「我今天眞是累壞了，但這都無所謂，因爲我已經幫助禾苗生長了。」他的兒子聽到父親這麼說後，連忙跑至田中探望究竟，卻發現早上被父親所拔高的禾苗，現在已經完全地枯萎了。

孟子在說明「養浩然之氣」時，之所以語重心長地講了這個「拔苗助長」（亦或可說成

「揠苗助長」）的故事，其目的主要是爲了表達「浩然之氣」的「直養而無害」。所謂「直養而無害」之意，指的是讓這個浩然正氣自然而然的發展，切莫因爲急於求成，而使用任何外力的方式去助長，否則即有助長不成還造成反效果，讓原本的「正氣」成了「濁氣」，到時就算後悔也來不及了。

孟子在講述自己的論點之時，經常使用「寓言」的方式來做譬喻，就像我們熟知的「齊人有一妻一妾」故事，便辛辣地諷刺了那些不顧禮義廉恥，以卑鄙手段追求富貴利達的人。如此不僅生動活潑，並且也寓教於樂，比直接說教讓人容易接受得多，也容易牢記得多。

歷久彌新說名句

「拔苗助長」與「揠苗助長」在今天已成爲一個使用率極高的典故，但或許有不少人並不知道其來由是孟子，並且原意是與「養浩然之氣」這個嚴肅的話題連結在一起。

「拔苗助長」這個寓言故事之所以使用率高、流傳度廣，自然是由於有不少人習慣於違反自然，不懂得「順應自然」以及「不逆不悖」的道理，並且期望能以最快的方式達到最終的目的，殊不知如此一來反而適得其反、弄巧成拙。

而今，由於人們多將孩童比喻成新苗、小禾苗，因此「拔苗助長」的成語似乎多在討論「孩童教育」時出現，例如：「幼兒教育揠苗助長的趨勢令全國人憂心」、「揠苗助長不足取，家長『跟進』很無奈」之類，用意不外乎是勸告那些心急著望子成龍、望女成鳳的家長們千萬不要因「求好心切」，而干擾了孩童們的正常成長。除此之外，在描述一些「急功近利」的行徑上，「拔苗助長」之語也是人們慣常所使用的。

不久前外國媒體曾報導，有一位智商高達二九八的美國八歲神童鬧自殺，原因是他的母親疏於照顧他的眞正需求，只把他當成搖錢樹，讓他不斷地超齡學習，並且四處表演，最後導致神童在不堪壓力的情況下，走向「輕生」一途。儘管這個孩子的「自殺」之舉因即早發現而搶救過來，但這位曾被稱爲「地球史上最偉大天才」男孩的事跡，不正體現出「揠苗助長」的眞切寓意，並且也格外值得我們警惕與深思嗎？

你是否也有「拔苗助長」的痛苦經歷呢？而在看完了孟子所講述說的這麼多隱含深刻寓意，但卻生動有意思的小故事之後，你是否也能試著想出一個類似的小故事來呢？

古之人未嘗不欲仕也，又惡不由其道

名句的誕生

孟子曰：「不待父母之命、媒妁[1]之言，鑽穴隙相窺，踰牆[2]相從，則父母國人皆賤之。古之人未嘗不欲仕也，又惡不由其道；不由其道而往者，與鑽穴隙之類也。」

～滕文公章句下

完全讀懂名句

1. 媒妁：婚姻介紹人，俗稱媒人。
2. 踰牆：跳牆，暗指不合禮法。

語譯：

孟子說：「不等待父母的命令與媒人的說合，就鑽洞從隙縫中互相窺看，爬過牆去跟人家私奔，這會被父母和國人所看不起。古時候的人不是不想做官，是厭惡做官時無法遵循正道：不遵從正道的做官者，就好像是鑽洞、鑽牆縫的人一樣。」

名句的故事

在儒家的觀念中，出仕是讀書人理所當然的社會責任，孔夫子便認爲「不仕無義」，又誠如同孟子所說，一個讀書人如果失去官職，就好像諸侯失去自己的封國一樣。事實上，對儒家而言，出仕並不是爲了侍奉君主，或爲了自己的權祿，出仕是爲了「道」的推行，所以孟子才會說：「古之人未嘗不欲仕也，又惡不由其道。」

因此「天下有道」的時代，就是孔子、孟子認爲應該出來做官的時代，而且是讀書人的義務，如果不幸親臨「無道」的時代，那就該退隱山林。這樣的觀點深深影響後代讀書人對於出仕或退隱的抉擇，也充分賦予知識分子隨時可以拂袖而去的尊嚴。

然而，我們來看看當時戰國時代的背景，孟子的政治前途根本被縱橫家之流擋住了。他實際上在這句話中，是用男女私自苟合這種被人引以爲恥的現象，來形容並譴責當時的縱橫家，用不正當的手段獲得官職。

跟孔孟思想不同的是，當時的法家代表者韓非便認爲，讀書人就是應該爲君主謀求最高的利益，因此出仕就是要「祿仕」，就是要獲得官爵與富貴。韓非並且反對退隱的觀點，特別是在儒家的影響下，很多人都把這些隱者當作是賢德之人。韓非認爲這些所謂的隱士，是自私且驕傲的，是「無功而顯」的人。

兩兩相較之下，我們也看到得志與不得志之間的對話，是多麼的針鋒相對。

歷久彌新說名句

石昂是五代時期的臨淄人，家中有藏書數千卷，很多讀書人都喜歡跟他來往，當時的節度使符習景仰他的德行，便請他擔任臨淄令一職。一次，符習前往京城不在家，由監軍楊彥朗留守他的府邸，不巧石昂因公事前去拜訪符習。符習的管家因爲楊彥朗避諱「石」這個字，所以把石昂的名字通報爲「右」昂。石昂聽了很生氣，一進門便責備楊彥朗，之後石昂更是直接辭官回家，並告誡他的子孫：「吾本不欲仕亂世，果爲刑人所辱，子孫其以我爲戒！」（《五代史・石昂列傳》）石昂告訴他的子孫，他本來就不打算在亂世中做官，果然被下賤的人所侮辱，大家應該以他爲殷鑑。這就是孔孟留給讀書人的骨氣呀！

清朝趙翼在《廿二史箚記》中說「明初文人多有不欲仕者」，因爲當時明太祖剛得天下，認爲要矯正元朝法治的鬆弛，一開國即用重典，所以很多讀書人都不願意出來做官。這個情況有多嚴重呢？「無一日無過之人，出吏部者，無賢否之分；入刑部者，無枉直之判」，居然每天都有人受審，而且身份貴賤已經沒有差別了，甚至無法獲得公平的裁決。趙翼也提到武將、文臣都少有善終者；朱元璋用法眞是嚴苛呀！照道理，漢族終於脫離異族的控制，讀書人應該樂於出來服務社會，現在卻紛紛走避，可見士人選擇君主無道則隱，損失的不只是皇帝，還有天下百姓。

蔡玉鈴小姐寫了一篇文章〈大人物二三事——寫我知道的蔣彥士先生〉。其中談到已故的蔣先生在擔任教育部長一職時，一艘載著年輕學子的船在蘇澳港沉船，蔣先生爲此負起責任。作者這樣描述：「孟子云：『古之人未嘗不欲仕，惟惡不由其道也。』辭官是何等痛苦之事，但蔣先生卻毅然爲之，其辭職負責態度，頗有古人君子之風，更爲現代政務官立下大勇大義典範。」這就是儒家爲天下行道，失道時，便知所進退的風範。

孔子，聖之時者也

名句的誕生

孟子曰：「伯夷[1]，聖之清[2]者也；伊尹[3]，聖之任[4]者也；柳下惠[5]，聖之和[6]者也；孔子，聖之時者也。孔子之謂集大成。」

～萬章章句下

完全讀懂名句

1. 伯夷：人名，孤竹君的長子。
2. 清：清高。
3. 伊尹：人名。名摯，商初的賢相。
4. 任：責任。
5. 柳下惠：展禽，名獲，字子禽，春秋時代魯國的公族。居柳下邑，卒後諡為惠，故後人稱柳下惠。
6. 和：隨和，平易。

語譯：

孟子說：「伯夷是聖人中清高的人，伊尹是聖人中有責任感的人，柳下惠是聖人中隨和的人，孔子是聖人中重時宜的人。孔子可以說是集大成的。」

名句的故事

伯夷、伊尹、柳下惠、孔子分別是古代不同類型的聖賢，各有其優點。對一般人而言，既然都是聖賢，就很難分辨聖賢與聖賢之間有何差別。但是，孟子可以。

孟子形容伯夷是「聖之清者」，因爲伯夷有人格上的潔癖。伯夷眼睛不看妖豔的顏色，耳朵不聽淫靡之聲。不是他中意的君主，不去侍奉，不是他中意的百姓，不去使喚。他的潔癖到了這樣一種程度，不願意與暴君暴民吃同樣的食物，不願意與他們踩在同一塊土地上。孟子認爲伯夷的潔癖（高尚節操）可以使貪心的人變廉潔，懦弱的人能立志。因此是聖賢。

而柳下惠則是屬於「聖之和者」，柳下惠剛好跟伯夷相反，跟什麼樣的人在一起，他都無所謂，他的觀念是：「你是你，我是我；你即使在我身旁赤裸身體，又怎能玷汙我呢？」所以即使是侍奉昏君，他也不會覺得羞恥；即使是奸臣，他還是會跟他們當同事，因此三教九流人人都可以跟他交往，而獲得隨和好相處的封號。孟子認爲柳下惠的好脾氣、隨和，能使狹隘的人變得寬廣，刻薄的人變得敦厚。

至於伊尹，孟子稱他爲「聖之任者」。與柳下惠不同，柳下惠是你叫他出來做官，他就出來做官；你叫他辭職，他就整理行李回家。而伊尹，則是天下太平的時候，他要侍奉英名的君主，天下大亂的時候，他更要出來解救蒼生。他的觀念是：「只要想到天下眾民中，有一男或一女還沒有受到堯舜之道的恩澤，就感覺像是自己把他們推入了山溝似的。」換言之，他自己把天下的重擔一肩扛起，因此，孟子稱他爲聖賢裡面最負責任的人。

說了這麼多優秀的聖賢，孟子要稱讚的是，竟有人比他們還優秀，那個人就是孔子。孟子認爲伯夷的器量太狹隘了，柳下惠的態度則不夠嚴肅，而孔子則是該嚴肅的時候嚴肅，該隨和的時候隨和，該潔癖的時候潔癖，該隨便的時候隨便；因此孟子稱他爲「聖之時者」。孔子離開齊國的時候，不等生火做飯，撈起剛洗好的米就連忙上路。而離開魯國時卻說：「我要慢慢地走啊，這是離開祖國的態度。」該快點兒離開就快點兒離開，該久留就久留，該閒居就閒居，該做官就做官，這就是孔子。

既能快又能慢，既能嚴肅又能隨和，因此，孟子稱孔子是「集大成者」，換言之，所有聖賢的優點都擁有了，因此是聖中之聖。

歷久彌新說名句

現代社會人與人之間的關係複雜，劈腿事件

頻傳，大家已經見怪不怪。柳下惠「坐懷不亂」的故事現代人聽起來應該就像天邊的一朵雲一樣，遙不可及。有一次柳下惠出外辦事，夜宿於城門口，天寒地凍，突然跑來一位弱女子，身單衣薄。柳下害怕她會凍死，所以就用衣服將她裹在懷裡取暖。坐了一夜，兩人始終相敬如「賓」。

這故事不知道怎麼流傳開來，連孔子都知道了，甚至還有柳下惠的粉絲（fancy）。有一位魯國的男子，自己一人獨居，鄰居是一位寡婦，也是獨居。一天晚上，暴風雨至，寡婦屋壞，於是寡婦敲那男子的門，請求讓她躲躲雨。然而那男子竟然拒絕了。寡婦從窗口喊道：「你怎麼可以見死不救，毫無同情之心。」男子回答說：「我聽說男女不過六十不同居，現在，你我都年輕，所以我不能收留你。」寡婦不放棄：「你為何不學學柳下惠，坐懷不亂呢？」男子則回答：「柳下惠可以做得到，但是我卻不行。我現在正是以我的『做不到』來學柳下惠的『做得到』。」

這個做不成柳下惠的男子的故事又傳到孔子的耳朵裡，孔子的稱讚很有深度：「向柳下惠學習的人沒有一個比得上這個男子！學習賢人的品德而不蹈襲賢人的行為，這才是眞正智者的表現。」做得到的是君子，做不到的也是君子，夠玄妙了吧。

柳下惠以「坐懷不亂」而傳頌千古，相傳他還有一個很有名的弟弟，叫盜跖，也同樣傳頌千古，只不過傳頌的是他有名的「盜」德。有天盜跖的部下問盜跖說：「做大盜也有原則嗎？」（「盜亦有道乎？」）盜跖回答說：「做任何什麼事情都有原則。做大盜的也不例外。憑空能猜出屋裡儲藏著多少財物，這就是聖；帶頭先進入屋裡，就是勇；最後退出屋子，就是義；酌情判斷能否動手，就是智；分贓均匀，就是仁。不具備這五種素質就難以成為大盜。」（《莊子》）這就是頂頂大名的「盜亦有道」。

這兩個兄弟一個「坐懷不亂」、一個「盜亦有道」，一個是「聖之和者」，另一個不知道孟子會如何稱呼？

我知言，我善養吾浩然之氣

名句的誕生

「敢問夫子惡乎長？[1]」

曰：「我知言，我善養吾浩然[2]之氣。」

～公孫丑章句上

完全讀懂名句

1. 這一段是節選於公孫丑與孟子的對話。問這句話的是公孫丑。
2. 浩然：盛大的樣子。

語譯：

公孫丑問：「請問老師您擅長哪一方面呢？」

孟子說：「我善於分析別人的言語，善於培養自己的浩然正氣。」

名句的故事

雖然後人對孟子的評價多是「善辯」，但孟子對自己的評價則是「知言」，以及「善養浩然之氣」。

所謂的「知言」，也就是善於分析別人的言語：「詖辭知其所蔽，淫辭知其所陷，邪辭知其所離，遁辭知其所窮。」藉由別人的言語之中了解其爲人及心中所想。身爲一個爲理想而四處遊說的說客，孟子自然要懂得察言觀色，更要由別人的話語之中讀出他人的眞正思想，因爲如此一來，他才能讓人在最舒服、最願意聆聽的情況下，將自己的觀點表達得徹底、淋漓盡致。可以這麼說，孟子的「知言」是對他人的一種尊重，也是一種遊說的技巧。

孟子的第二個特點：「善養浩然之氣」。而

何謂「浩然之氣」，孟子對此也有所解釋：「其爲氣也，至大至剛，以直養而無害，則塞於天地之間。」總的來說，就是一種人生修養，也是一種秉持著道德的精神狀態，培養的也就是今人所說的「意志力」。因爲浩然之氣是與仁、義、禮、智、信爲主的「善」之本性相輔相成的，若是浩然之氣得以蓬勃彰顯，那麼人的善性就得到體認和昇華。

由孟子的種種作爲，我們能看到他身上浩然之氣的體現。當齊王以無禮態度召見他時，他予以冷冷回絕；在他國君主要送他金錢、財富時，他仍不忘自己的初衷而謝絕之。用孟子自己的話來說，浩然之氣的最終極表現便是：「富貴不能淫，貧賤不能移，威武不能屈。」

孟子的浩然之氣不僅表現在應對進退之間，也表現在他的文章上。蘇轍便曾如此評價孟子的文章：「今觀其文章，寬厚弘博，沖呼天地之間，稱其氣之小大。」歸究其意便是：文氣磅礴，直可流傳千古，澤被後人。

歷久彌新說名句

自孟子說出「我善養吾浩然之氣」的千古名句之後，那種剛正、無畏的大氣魄感動了多少代的中國人，並且也讓多少仁人志士群起效尤，以「養己身之浩然正氣」爲職志。而這其中的佼佼者，自然非文天祥莫屬。「天地有正氣，雜然賦流形。下則爲河嶽，上則爲日星；於人曰浩然，沛乎塞蒼冥。」（《正氣歌》）

這種至大至剛、正義凜然的氣魄，如此堅強的意志力，鼓舞著一代又一代人們，讓人願意爲了追求自己遠大的目標，置個人的死生於度外，例如秋瑾，例如黃花崗七十二烈士。

儘管西方人也許不太懂得「浩然正氣」的眞正喻意，但對於「知言」，他們倒是也有自己的一翻見解：「Every tree is known by its own fruit」（觀其言行，知其爲人），與孟子的「知言」倒是有共通之處。

孟子雖已過去千年，但他所提出的「養浩然之氣」以及「知言」還是相當值得我們效法，畢竟眞理是絕不會隨著時間流逝而消失的。

我意欲正人心，息邪說

名句的誕生

孟子曰：「我意欲正人心，息邪說，距[1]詖行[2]，放[3]淫辭，以承三聖者。予豈好辯哉？予不得已也！能言距楊墨者，聖人之徒也。」

～滕文公章句下

完全讀懂名句

1. 距：通「拒」，抗、違之意。
2. 詖行：偏頗不正當的行為。
3. 放：摒棄。

語譯：

孟子說：「我的意圖是端正人心、消滅邪說、對抗不正當的行為、摒除淫穢之語，以繼承夏禹、周公、孔子等三位聖人。我豈愛好爭辯呢？我是不得不如此呀！能夠用言論摒除楊朱、墨子邪說的人，都是聖人的信徒。」

名句的故事

孟子的學生公都子問他，外面的人都說他喜歡爭辯，究竟是爲什麼？孟子回答說，他都是不得已的呀，他這麼做都是爲了發揚聖人的大道。孟子便從聖人之道的衰微，楊朱、墨子之道的興起，爲他的學生一一分析。而他最憂心的是天下充斥太多邪惡的議論，導致出現許多不端正的行爲，才會讓時局如此混亂。

特別是楊朱之道，孟子認爲當時天下的議論不是遵從楊朱、就是依附墨子。他曾經批評楊朱的學說是「不肯不拔一毛而利天下」，是一種自私的生活態度，不顧他人、目無君上；他批評墨子的學說是不分親疏、一律平等，這叫做目中無父。孟子嚴厲地說，無君無父就是「禽獸」！

儒家講求的是一個階級分序的社會結構，具有親疏遠近的倫理觀念，當然是容不下楊墨之道。因此，孟子爲什麼口才這麼好，總是可以跟這些非儒家學說辯論呢？他是不得已的呀！他的目的是要發揚聖人之道，承繼夏禹、周公、孔子等三位聖人的理念罷了。

楊朱的自我之道與儒家當然有很多悖離之處，但是墨子的學說則不同。墨子和儒家一樣，也談堯、舜、商湯，也談《詩經》，兩者之間的差異，在於對某些事務的堅持範圍、程度不太一樣。例如儒家雖然說博愛，但是這個愛是有差別的，墨子則主張「兼愛」；儒家贊成合乎義理的戰爭，墨子主張「非攻」，反對一切的戰爭。因此，在某種程度上，儒墨兩者的主張類似，但實質還是不同的。

歷久彌新說名句

德國哲學家費希特和孟子很像，這兩個人都將思想與行爲合一的理念，投注於對社會的關切，而且費希特也喜歡演講與辯論。費希特的盛名不僅僅來自他是德國觀念論的啓蒙師，更重要的是，就是他將德國浪漫民族主義推向一個新的里程碑。這個里程碑的造就，來自於費希特熱中於課後的演講活動，他將演講視爲改造社會最直接、有力的手段，因爲他的聽眾不限於大學生；而他演講最大的宗旨就是「行動」，要求思想理論應當立即付諸行動。沒有費希特的精采演講，他的《告德意志國民書》就沒有現在的歷史地位。所以如果沒有孟子的積極抗辯，儒家思想恐怕就無所承繼，更遑論影響中國五千年了。

宋朝文人之間的傾軋，非比尋常，朱熹就被奸人所害，讓宋寧宗以爲理學是「僞學」，還把朱熹的學生視爲「逆黨」，下令一律不准在朝爲官。等到朱熹去世之後的數年，大家才開始眞正了解朱熹學說的意義，特別是對於統治者。而當時的國子司業劉爚便告訴丞相史彌遠，把朱熹所註解的《論語》、《中庸》、《大學》、《孟子》等書，列入學官，作爲法定教科書，同時上疏皇帝說：「乞罷僞學之詔，息邪說，正人心，宗社之福。」（《宋史・劉爚列傳》）宋寧宗最後還給朱熹一個公道，追謚朱熹爲「文」，尊爲「朱文公」。

近年來台灣的傳播界也出現了所謂「媒體嗜血」的問題，如果新聞報導的內容不夠誇張、不夠激情、不夠八卦，甚至不夠獨家，可能收視率就會下降。所以傳播界也提出「媒體自律」、「媒體自覺」，供新聞從業人員反省，而這樣的自覺、自律，也就是「正人心，息邪說，距詖行，放淫辭」，端正社會視聽的一大步。

故聲聞過情，君子恥之

名句的誕生

孟子曰：「原泉[1]混混[2]，不舍[3]晝夜，盈[4]科[5]而後進，放[6]乎四海。有本者如是，是之取爾[7]。苟[8]為無本，七八月之間雨集[9]，溝澮[10]皆盈，其涸[11]也，可立[12]而待也！故聲聞[13]過情[14]，君子恥之。」

～離婁章句下

完全讀懂名句

1. 原泉：有源頭之水。
2. 混混：同「滾滾」，水勢盛大的樣子，涌出之貌。
3. 舍：不捨晝夜，言常出不竭也。
4. 盈：滿。
5. 科：坎。
6. 放：至、到。
7. 是之取爾：「取是爾」的倒裝句，取這個罷了。
8. 苟：如果、假如。
9. 集：聚也。
10. 澮：音kuai，ㄎㄨㄞˋ，田間大溝渠。
11. 涸：乾枯的意思。
12. 立：立即、即刻。
13. 聲聞：名譽也。名譽、聲望。
14. 情：實際的情形。

語譯：

孟子說：「水從源泉裡滾滾涌出，日夜不停地流著，把低窪之處填滿，然後又繼續向前，一直流向大海。它是永不枯竭，奔流不息。孔子所取的，就是它的這種特性啊。試想，如果水沒有這種永不枯竭的本源，就會像那七八月間的暴雨一樣，雖然也可以一下子灌滿大小溝渠，但也會一下子就乾涸枯竭。所以，聲望名譽超過了實際情形，君子就會感到羞恥。」

名句的故事

一日，孟子的學生徐子看了《論語》後向孟夫子請教道：「孔子曾多次讚嘆水，說：『水啊！水啊！』到底水有什麼好值得稱讚的？」

孟子聽完一邊微笑、一邊忍不住也開始讚美起水來：「水從源泉裡滾滾涌出，日夜不停地流著，把低窪之處填滿，然後又繼續向前，一直流向大海。它是永不枯竭，奔流不息。孔子所取的，就是它的這種特性啊。」孟子讚賞的是水永不枯竭，厚實的根源與內在、自強不息，才能成就「放乎四海」的偉大實務。學有根本的君子也都是如此不斷進取的實踐，循序漸進，朝目標實現，就像水流一般。

但是人如果沒有厚實的內在，則一有消耗，就會如「七八月間的暴雨一樣，雖然也可以一下子灌滿大小溝渠，但一下子就會乾涸枯竭」。換言之，孟子強調要務本求實，否則空有名聲，金玉其外，敗絮其中，名聲響亮超過自己的實際能力，這樣子可是很丟臉的。

很有趣的是孔子的學生子貢也曾向孔子問過相類似的問題，子貢說：「君子看見大水總是要觀察，這是爲什麼呢？」

孔子回答說：「水到處給予而無私，這不是像很有德行嗎？所到之處萬物生長，這不是像很有仁愛嗎？流向總是循一定的道理，這不是像很有正義嗎？淺處流淌，深處莫測高深，這不是像很有智慧嗎？奔赴深淵而毫無疑懼，這不是像很有勇氣嗎？任何細微之處也不放過，這不是像很明察嗎？遇到險惡地勢也不避讓，這不是像很容忍大度嗎？」（《韓詩外傳》）

歷久彌新說名句

一個人能夠在受到褒獎時，隨時擔心是否有「聲聞過情」（名聲超過實際的才能）之辱，那麼就可以稱得上是一個懂得自省的優秀之人。

春秋時期的介之推不但不喜歡「聲聞過情」，還創造一個新名詞，認爲「聲聞過情」的人是「貪天之功」。

春秋的晉文公重耳經過一番顛沛流離，終於回到晉國當了國君。爲了報答有功之臣，他將跟隨自己流亡的人列爲一等功，給過幫助的列爲二等功，迎接歸來的爲三等功。趙衰、狐偃等因跟隨流亡有功，無采地的封采地，有采地的加封。其他幫助的、迎歸的一一有賞，連一般的小臣奴僕也賞錢幣，皆大歡喜。看到眾人自我吹噓、爭相邀功的嘴臉，介之推非常厭惡，他自始至終都不發一語，晉文公也沒想起他。晉侯又貼出詔令：「如果有誰被遺漏了，請自己來報。」介之推就剛好是這漏網之魚。

他的鄰居看見詔令，便來找介之推。見他正在家裏編草鞋，便說：「你以後不用再幹這一行了，晉侯出了詔令找有功之人。你只要一露面，晉侯就會想起你做過的貢獻，按功行賞。」介之推笑著沒有回答。

他的母親說：「你跟著晉侯流亡十九年，晉侯饑不擇食時，你割下自己腿上的肉給他熬湯喝，沒有功勞還有苦勞，你爲什麼不去見一見主公呢？」介之推回答說：「孩兒沒有什麼要求晉侯的，爲什麼要去呢？」鄰居覺得很可惜，又跑去找介之推想要說服他：「你去見一見主公，封個一官半職，也領一些布和米，省得天天打草鞋了。」

子推說：「晉獻公有九個兒子，只有主公最賢能。晉國屬於主公，這是天意，有些人卻誤以爲是自己的功勞。偷盜別人錢財的人，叫做盜賊。到主公那兒居功求賞等於貪天之功爲己有，更加可恥。我願意終生編草鞋，不願意去爭這份功勞。」（《左傳》）

「貪天之功」是指把別人的功勞歸於自己。不僅只有介之推不言祿，不貪功，連他的母親也是一位人中人。鄰居走後，他的母親對介之推說：「你是廉潔之人，我是廉潔之人的母親，我們爲什麼不去隱居呢？」當晚，介子推背著母親躲到綿山裏去了。由此可見，君子對「聲聞過情」這件事是有多麼在意了。

出於其類，拔乎其萃

名句的誕生

麒麟之於走獸，鳳凰之於飛鳥，太山[1]之於丘垤[2]，河海之於行潦[3]，類也。聖人之于民，亦類也。出於其類，拔[4]乎其萃[5]，自生民以來，未有盛於孔子也。

～公孫丑章句上

完全讀懂名句

1. 太山：即今之泰山，又名「岱嶽」。
2. 丘垤：小土丘。
3. 行潦：指路上的積水。
4. 拔：超出。
5. 萃：原為草叢生的樣子，在此引伸為同類叢聚。

語譯：

麒麟與走獸，鳳凰與飛鳥，泰山與土丘，河海與水溝，其實都是同類的事物。而聖人與一般老百姓，其實也是同類的，只是聖人高出於他的同類，孔子又高出於聖人。自有人類以來，沒有誰比孔子更偉大的了。

名句的故事

孟子可說是直接繼承孔子學說的儒家代表人物，並且他對孔子的推崇也是不遺餘力的。有一回，他的學生公孫丑問他：「老師，你也算是位聖人了吧？」孟子聽到後回答說：「連孔子都不敢以聖人自居，我怎麼能算是呢？」公孫丑又問：「孔子與古代的聖人究竟有什麼不同呢？」孟子說：「麒麟和一般走獸、鳳凰和其他飛鳥都屬同類，聖人和一般老百姓其實也屬同類，只是聖人的優秀遠遠超出同類中的其他人，而孔子，更是聖人中的聖人。」

孟子的這一番話，可視作是他對孔子「孺慕之心」的終極體現。並且在這斷話中，孟子一方面點出了孔子的聖哲地位，而另一方面，卻也說明了一個重點，那就是無論孔子是如何的「拔萃」，但終究也與我們一般，都是「人」類。

的確，雖然孔子是人類中的佼佼者，雖然旁人有許多不及孔子的地方，但是其實我們之所以不能成和孔子一樣成爲聖人，並不是因爲「不可能」，而是因爲下的工夫不夠，也就是孟子曾說過的：「不是不能，而是不爲。」

「聖人可學並可爲之」是儒家一直以來所持的論調，正因爲此，所以孟子才會說「人皆可以爲堯舜」，荀子才會說「塗之人皆可以爲禹」，而宋明理學家更懷抱有「滿街都是聖人」的理想。

儒家這種「天命之謂性」的說法，是具有普遍性的，也就是可以普及到所有人群當中的，因此就算無法達到孔子那樣的高度，但也並非不能拿來做爲學習榜樣的。因此，當下回我們想說「聖人是獨一無二的」、「聖人是學不來的」這類話時，一定不能忘記孟子對我們的教誨喔！

歷久彌新說名句

自孟子說出「出於其類，拔乎其萃」的話後，「出類拔萃」便成爲形容、讚頌那些才能特殊，超越眾人的佼佼者的專用名詞。像在《三國志．卷四十四．蜀書．蔣琬傳》中，便用：「琬出類拔萃，處群僚之右。」來形容蔣琬。而在《紅樓夢．第四十九回》中，更是如此形容那個才華洋溢、神仙般的「林妹妹」：「其中又見林黛玉是個出類拔萃的，便更與他親敬異常。」

到了今天，「出類拔萃」一詞的出現更是隨處可見，特別是在賀喜題辭，或是稱讚文藝、體育等活動之中的勝出者時，更是屢見不鮮，例如：「最年輕神農獎得主科學養牛『出類拔萃』，注重牛隻營養及牛群繁殖管理建立產學合作提升牛群產能。」並且像「拔類超群」、「拔萃出群」、「拔粹出類」、「出類拔群」、「出類超群」、「出群拔萃」等詞可說皆是由此衍生出來。

除了成爲錦旗題字、報章雜誌的標題之外，其實「出類拔萃」也成爲了人們砥礪自我、努力向上的一個希冀。一本名爲《出類拔萃：造就優秀職員的十七種品質》的書，便總結了每個優秀團隊成員必需具備的十七種品格及特質，讓這本書不僅成爲管理層培訓和選拔優秀團隊成員的指南，也成爲團隊隊員提高個人品質的一個教程。

你曾想過要做一個「出類拔萃」的人嗎？你曾經被長輩期待著成爲一個「出類拔萃」的人嗎？其實無論是否想、是否能成爲一個頂尖的人物，大家都還是應該要好好的充實自己，只是千萬要切記，絕不要因爲急於求成而「拔苗助長」。

古之君子，過則改之

名句的誕生

古之君子，過則改之；今之君子，過則順[1]之。古之君子，其過也，如日月之食[2]，民皆見之；及其更[3]也，民皆仰[4]之。今之君子，豈徒[5]順之，又從為之辭[6]。

～公孫丑章句下

完全讀懂名句

1. 順：遂也，繼續錯下去之意。
2. 食：蝕。
3. 更：改。
4. 仰：敬仰。
5. 豈徒：不但
6. 為之辭：從而尋找藉口，編造詞句來掩飾過失。

語譯：

古代的君子，犯了錯誤就改正；現在的君子，犯了錯還任錯誤繼續延續下去。古代的君子，犯錯誤時就像天上的日蝕月蝕一樣，所有的百姓都看得到；等到他改正了錯誤，老百姓依然敬仰他。現在的君主豈只是不改正而已，還要為自己的錯誤尋找各種藉口。

名句的故事

齊宣王先前攻下燕國後，曾與孟子討論過究竟該不該占領燕國的問題，雖然當時孟子同意了齊宣王的決定，但還是苦口婆心地勸告著齊宣王一定要施行「仁政」。

而將孟子規勸當成耳邊風的齊宣王，最後得到的，終歸是燕國的反叛。此時，齊宣王才想起了孟子曾對他說過的話，心中感慨不已：「我現在若再見到孟老夫子，一定會感到非常慚愧。」

齊國的大臣陳賈聽到了齊宣王的話之後，巧言令色地舉出了周公的例子來安慰自己的君王。他告訴齊宣王：像周公這樣賢德的君王都曾犯下錯誤，那麼齊宣王偶爾犯個錯誤也是可以原諒的事。此外，陳賈還自告奮勇地前去求見孟子，想以同樣一套說辭來爲齊宣王開脫過失，拍一下齊宣王的馬屁。

正直不阿的孟子自然對陳賈這種「文過飾非」的言論相當不以爲然，因此毫不客氣地申斥陳賈及其「似是而非」的言論。孟子認爲君王也是人，是人都難免都犯錯，因此只要犯了錯後能深自反省、改過向善，就還是一個值得稱頌的君王。可是像齊宣王這樣犯了錯誤還要爲自己找藉口、找理由的君王，根本就沒有資格跟過往那些知錯必改的聖明君王相提並論。

孟子這一番義正辭嚴的訓斥，讓拍馬屁不成反而碰了一鼻子灰的陳賈只能乖乖地聽取教訓，然後再不敢邀功地落荒而逃。

歷久彌新說名句

《左傳》宣公二年中曾提及：「人誰無過？過而能改，善莫大焉。」強調人要勇於改過。古人認爲，即使是聖賢也難免會有過失，但只要知錯能改，就是好人。可是如果有了過錯卻不想改正，那就是眞的錯誤，正如孔子所說：「過而不改，是謂過矣。」（《論語．衛靈公》）

的確，聖人們從來沒有要求人不能犯錯，孔子甚至還說過：「聞過而喜」、「過則勿憚改；知錯能改，善莫大焉」的話，因此可以這麼說，孟子的思想便是承襲著儒家一貫對待「過失」的一種基本態度。

但這種積極向上的態度卻不僅僅只存在於中國，在西方也有類似的說法，像耶穌便曾經說過：「悔改是死而復生，失而復得。」可見「改過遷善」具有普世的價值，而非僅僅是單一的特例。

古籍中關於「改過向善」的故事數不勝數，

像著名的廉頗「負荊請罪」、周處「除三害」等故事更是大家耳熟能詳的，並且，有不少文人還將「改之」做為自己的字號或者齋名，以爲勸誡，例如南宋劉龍洲名「過」字「改之」。

而在現代小說中，「過則改之」最著名的例子莫過於金庸小說《神雕俠侶》中的男主人公神雕大俠的名字。適時，郭靖爲楊康之子取名便是單取其義，希望名「過」字「改之」的楊過，不要像他的父親一樣犯下那樣多損人不利己的錯事。可想而知，郭靖爲楊過取了這個名字時，寄予的自然是無窮的希望，以及對楊過之父楊康過往所做惡事的惋惜。只是他卻忽視了「逝者已去，來者尤可追」的道理，而讓楊過莫名地揹負著不屬於自己的罪惡，終其一生。

現在，你可以試著找一找，看看在中外歷史上還有哪些著名「改過遷善」的例子，然後將他們牢記在心，做爲自己學習的對象。

吾未聞枉己而正人者也

名句的誕生

吾未聞枉己[1]而正人[2]者也，況[3]辱己以正天下者乎！聖人之行不同也；或遠或近，或去或不去；歸[4]潔其身而已矣。

～萬章章句上

完全讀懂名句

1. 枉己：枉，彎曲。己身行為不正。
2. 正人：糾正別人。
3. 況：更何況。
4. 歸：合併、總結。

語譯：

我未聽說自己不正卻能匡正別人的，更何況侮辱自己來匡正天下呢？聖人的行為是有不同的，有的避離君主，有的接近君主，有的離開朝廷，有的不離開朝廷，但都歸結到使自身潔淨罷了。

名句的故事

喜歡質疑聖人偉人事跡的孟子的學生萬章又開口了，這次他的對像是商朝的立國功臣伊尹，他懷疑伊尹獲得官位的手段不光明正大。他問孟老師說：「我聽到人們這樣說，『伊尹以當廚子來求得湯的任用。』有這回事嗎？」

聖人道統的捍衛者孟子立刻爲伊尹辯護說：「不，絕對不是這樣的。」伊尹原本是「在有莘國的郊野耕作，喜愛堯舜之道。如果不符合義，不符合道，即使把天下當作俸祿給他，他也不理睬；即使有四千匹馬拴在那裏，他也會看都不看一眼。如果不符合義，不符合道，一根草不拿去送人，也不拿別人一根草。湯派人帶了禮物去聘請他，他無動於衷地說：『我要湯的聘禮幹什麼？哪如我生活在田野中，像這樣把堯舜之道當作快樂呢？』

孟子繼續說：「後來湯又多次派人去聘請，伊尹才改變態度，說：『與其隱居在田野中，把堯舜之道當作快樂，哪如使這個君主成爲堯舜那樣的君主呢？哪如使百姓成爲堯舜時代那樣的百姓呢？哪如親眼見到堯舜那樣的盛世呢？上天生育這些人民，就要使先知者幫助後知者覺悟，先覺者幫助後覺者覺悟。我，上天所生人民中的先覺者，我將用這堯舜之道去使人民覺悟。不是我使他們覺悟，又有誰呢？』他想到天下的人民中，要是有一個男的或一個女的沒有享受到堯舜之道的恩澤，就像是自己把他們推入了山溝似的。他就像這樣把天下的重任擔在自己肩上，所以到湯那裏勸說他討伐夏桀，拯救人民。」

同樣的，孟子認爲伊尹既然能夠治理好天下，受到讚賞，就不可能是一個自身行爲不正、品德不潔之人。至於，他選擇出來做官，或待在鄉下種田，則必然是有其考量，考量的基礎就在於如何能夠完備自身的人格。

事實上伊尹確實是一個很有名的廚師，據說擁有「庖丁解牛」的神技。那麼究竟伊尹有沒有利用廚藝來求得任用呢？史記記載伊尹從烹調的技術要領和烹調理論，引出治國平天下的道理，商湯聽完後心悅誠服。因此，孟子的辯解其實想說的是，眞正能獲得湯的賞識的是因爲伊尹的內涵與思考，而不單單僅是依靠他的廚藝就能治理國家。最後，本篇名句也成爲著名的成語「枉己正人」的發源，意思是：自己行爲不正不義，卻妄想要去糾正他人。

歷久彌新說名句

人因爲眼睛是看出去的，看不見自身，所以常常發生「枉己而正人」的事情。有一則小故事是這樣的：

有個太太多年來不斷指責對面的太太很懶惰，「那個女人的衣服永遠洗不乾淨，看，她晾在院子裏的衣服，總是有斑點，我眞的不知道，她怎麼連洗衣服都洗成那個樣子……」

直到有一天，有個明察秋毫的朋友到她家，才發現不是對面的太太衣服洗不乾淨。細心的朋友拿了一塊抹布，把窗戶上的灰漬抹掉，說：「看，這不就乾淨了嗎？」原來，是自己家裏的窗戶髒了。

「己不正，難正人」，自己行爲不正直的人，不但無法去糾正別人，還會讓正直的人離你遠去，並吸引不正直的人紛紛前來接近。大家都知道，北宋徽宗擅舞文弄墨，頗有文采，並喜歡蒐集各地奇珍異寶。當時宦官童貫就奉宋徽宗之命，到三吳地區搜括珍玩書畫，巧遇被貶的蔡京，蔡京見機不可失，爰以歌妓錢財買通童貫，使童貫將自己所寫的書畫和蒐集的寶物，進獻給皇帝。

蔡京百般討好、進獻，漸漸地終於宋徽宗注意到他，並將他升官至左右。而蔡京至此也就露出他暴斂橫徵和奢玩的本性，在南方大興「花石綱」，強行蒐羅珍玩寶物，逼得百姓賣兒鬻女，民不聊生。雖說宋徽宗是一個愛好藝術家，但是作爲一個皇帝他還是落入「上下交相賊」、「上樑不正下樑歪」的陷阱。俗云：「官員敢過河，群眾就敢過江。」爲官者實在不可不每天警告自己三次啊。

大而化之之謂聖，聖而不可知之之謂神

名句的誕生

浩生不害[1]問曰：「樂正子，何人也？」孟子曰：「善人也，信人也。」「何謂善[2]？何謂信？」曰：「可欲之謂善。有諸己之謂信[3]。充實之為美[4]。充實而光輝之謂大[5]。大而化之之謂聖[6]。聖而不可知之之謂神[7]。樂正子，二之中，四之下也。」

～盡心章句下

完全讀懂名句

1. 浩生不害：齊國人，姓浩生，名不害，因為見到孟子聽聞樂正子在魯國主政而歡喜，因此問孟子樂正子是誰。
2. 可欲為之善：此句話從「己所不欲，勿施於人」而來，而使得「己所欲」讓「人人欲之」，也就是讓所有人都喜歡自己喜歡的事物，就是所謂的善人。
3. 有諸己之謂信：根據朱熹的說法，討厭令人討厭的東西，喜歡令人喜歡的東西，完全出於本心，就是所謂的信人，是個可以被信任的人。
4. 充實之謂美：朱熹解釋此句，一個人只要力行善行，德性便會充滿而積實，因此美就會充滿其中。
5. 充實而光輝之謂大：一個人只要內心和順，英華便會自然顯露於外表，美在其中，如果運用於社會事業，德業便會達到至聖，可以稱之為大。
6. 大而化之之謂聖：大而能化，便可以非常從容，達到非人力所能為的地步，進入聖的境界。

7.聖而不可知之之謂神：程子的說法是，聖到達至妙而不留跡象的地步，並非在聖人之上，還存在著更高一等的神人。

8.二之中四之下：「二」，指善、信。「四」，指美、大、聖、神。

語譯：

浩生不害問道：「樂正子是怎麼樣一個人？」孟子說：「他是個善人，也是個信人。」浩生不害接著問：「怎麼樣叫做善？怎麼樣叫做信？」孟子接著說：「人人都喜歡他，稱讚他是個好人，叫做善。本身具備善的行為，就叫做善。而內心充滿善行，就叫做美。充滿善行而又能發揚光大，就叫做大。如果大到沒有任何跡象，便叫作聖。而聖到了至妙的地步，就叫作神。樂正子剛好在善與信兩個境界之間，而在美、大、聖、神之下。」

名句的故事

此章乃是孟子評論樂正子的人品，並開出君子進德修業的六個境界，即善、信、美、大、聖、神，勉勵人修德向善達於聖境。

學者傅佩榮認爲孟子此種說法，並非憑空幻想。他指出，孟子非常喜歡將事物分門別類，六重境界的第一境界是善，因爲人性向善，所以只要眞誠面對自己，就會發現並實踐善，其次是信，可以解爲眞，唯有自己實踐了善，才稱得上是個眞正的人，完完全全實踐了善，這種充實感可以稱之爲美。而從內心發出德行的光輝，成爲大人物，進一步可以「化民成俗」，成爲聖人，最後達到「天人合德」的境界，便可稱爲神。

「善、信、美、大、聖、神」六重境界的說法，接近孟子在〈盡心〉篇所說的「夫君子所過者化，所存者神，上下與天地合流」，指的是一個君子所待過的地方，必定可以用其德行感化人民，而他的教化與天地之道同時運行。孟子說的君子，傅佩榮認爲就是孔子。

歷久彌新說名句

孟子的說法，不少論者認爲等同於宗教的說法。「儒家」到底是不是「儒教」，迄今爭論未休，不過，新儒家牟宗三卻肯定地認爲，儒家就是「道德宗教」，因爲儒學連接了人性與天道、內在與超越，因此可以稱之爲宗教。

不管儒家到底算不算宗教，「善、信、美、大、聖、神」，都可以稱爲儒家修身的六重境界，天主教也有類似的說法，即「聖、美、善、眞」，有人認爲次序應該顚倒，即「眞善美」之後加上「聖」，而「聖、美、善、眞」也是天主教大學輔仁大學的校訓。

如果說孟子六重境界，是階梯式地向上攀升，但是佛教的境界卻全然不同，《心經》中寫道「不生不滅、不垢不淨、不增不減」，扼要地說明了佛法所謂「不落兩邊」的道理。

窮則獨善其身，達則兼善天下

名句的誕生

尊德樂義，則可以囂囂[1]矣。故士窮不失義，達不離道。窮不失義，故士得已[2]焉；達不離道，故民不失望焉。古之人，得志，澤加於民；不得志，修身見於世。窮則獨善其身，達則兼善天下。

～盡心章句上

完全讀懂名句

1. 囂囂：自得的樣子。
2. 得已：猶言自得。

語譯：

尊崇德，喜歡義，就可以自得其樂。因此，士人失意時不失掉義；得意時不離開道。失意時不失掉義，所以自得其樂；得意時不離開道，因而百姓不致失望。古代的人，得意時，恩惠遍及百姓；不得意時，修養品德以顯於世。失意時完善自己的身心，得意時則拯濟天下。

名句的故事

孟子對一個名叫宋勾踐的人說：「你喜歡遊說各國的君主嗎？我告訴你遊說的態度：別人理解也安然自得，別人不理解也安然自得。」

宋勾踐說：「怎樣才能做到安然自得？」

孟子說：「尊崇德，喜歡義，就可以自得其樂。因此，士人失意時不失掉義；得意時不離開道。失意時不失掉義，所以自得其樂；得意時不離開道，因而百姓不致失望。古代的人，得意時，恩惠遍及百姓；不得意時，修養品德以顯於世。失意時完善自己的身心，得意時則拯濟天下。」

修身、齊家、治國、平天下，是儒家思想傳統中知識份子謹守的信條。以自我完善爲基礎，透過治理家庭，最終到平定天下，可以說是數千年來知識份子的最高理想。然而，成功的時候少，失望的時候多，於是孟子說：「窮則獨善其身，達則兼善天下。」這積極而達觀的態度彌補無法完成的孤高理想，成爲千年來儒家的信條。

窮達是身外事，只有道義是根本的，如孔子所說：「用之則行，舍之則藏。」進可攻，退可守，明哲保身，進退自如；當窮困不得志時，以獨善其身的清高安撫失落的心，飛黃騰達時，又以兼善天下的豪情警戒自己。如孟子誇讚孔子「可以仕則仕，可以止則止」，孟子這番話可以說是儒家發揮最極致的理想主義。

歷久彌新說名句

達則兼善天下是一種入世，而窮則獨善其身則是遁世。一生只做過小小彭澤縣令的陶淵明，看到社會的腐朽，知道自己無力改變，只好追求自身道德的完善。他「不爲五斗米折腰」而辭去官職，避隱鄉間，過著悠然自得的生活。以入世眼光來看，他的人生是很貧乏的，但若以遁世眼光來看，他卻很自由。

唐朝詩人白居易早期的詩作即傳達出兼善天下的理念，認爲「文章合爲時而著，歌詩合爲事而作」，要求文學創作應「爲君、爲臣、爲物、爲事而作，不爲文而作」。如此重視文學的社會功能，致使白居易前期的作品有一種傳達民意、抨擊社會黑暗現實的內涵。然而到了後期，他政治失意，消極避世，「知足保和，吟玩性情」，大量的「閒適詩」表現出悠然自得、恬淡的情調；兼善天下感覺轉淡，趨向獨善其身，白居易的文學人生可以說是大多數文人由入世被迫轉爲遁世的縮影。

中文經典100句01

台灣師範大學國文系 李旭昇 教授　總策畫
文心工作室　編著
定價 二〇〇 元

愛之欲其生，惡之欲其死

【名句的誕生】

子曰：「主忠信，徙義，崇德也。愛之欲其生，惡之欲其死；既欲其生，又欲其死，是惑也。」

～《論語・顏淵・十》

【完全讀懂名句】

孔子說：「親近忠信的人，讓自己趨近於道義，就是提高品德。喜歡一個人時，就希望他好好活著；厭惡一個人時，便希望他快快死去，既要他活著，又要他死去，這就是迷惑。」

【名句的故事】

孔子在衛國期間，曾發生一樁駭人聽聞大事，即衛國太子蒯聵刺殺生母南子，形跡敗露後，蒯聵逃到宋國。這之間是怎樣巨大的愛恨糾葛？

【歷久彌新說名句】

張愛玲說：「生得相親，死亦無恨。」應可作為她情感的註腳。只是時事更迭，她絕口不提過往的一切。德國劇作家布萊希特在〈頌愛人〉中，也描寫出愛惡的矛盾：「當時她見我就生氣，但愛我仍堅定不移。」既愛又恨，人類的情感令人疑惑啊！

《蘋果日報》總主筆卜大中、臺北大學中國語文學系副教授 馬寶蓮 強力推薦

國家圖書館出版品預行編目資料

孟子 / 文心工作室著. -- 初版. --臺北市 :
商周出版 : 家庭傳媒城邦分公司發行, 2005[民94]
面： 公分.--（中文經典100句；4）

ISBN 986-124-404-2（平裝）
1. 孟子－選擇

121.262 94008083

中文經典100句04

孟 子

作　　者／文心工作室
副總編輯／楊如玉
責任編輯／顏慧儀
發 行 人／何飛鵬
法律顧問／中天國際法律事務所周奇杉律師
出 版 者／商周出版
台北市104民生東路二段141號9樓
電話：(02) 25007008　傳眞：(02)25007759、25007579
E-mail：bwp.service@cite.com.tw
發　　行／英屬蓋曼群島商家庭傳媒股份有限公司城邦分公司
台北市中山區104民生東路二段141號2樓
讀者服務專線：0800-020-299
24小時傳眞服務：02-2517-0999
讀者服務信箱E-mail：cs@cite.com.tw
劃撥：19833503
戶名：英屬蓋曼群島商家庭傳媒股份有限公司城邦分公司
香港發行所／城邦（香港）出版集團有限公司
香港灣仔軒尼詩道235號3樓
電話：（852）25086231或25086217 傳眞：（852）25789337
馬新發行所／城邦(馬新)出版集團 Cite (M) Sdn. Bhd.
41, Jalan Radin Anum, Bandar Baru Sri Petaling,
57000 Kuala Lumpur, Malaysia.
Tel:(603)90578822 Fax:(603)90576622 Email: cite@cite.com.my

封面設計／徐璽
電腦排版／冠玫電腦排版股份有限公司
印　　刷／韋懋實業有限公司
總 經 銷／高見文化行銷股份有限公司
電話：(02)2668-9005　傳眞：(02)2668-9790　客服專線：0800-055-365

■2005年05月30日初版
■2015年03月19日一版12.5刷
printed in Taiwan
定價240元
 ISBN 986-124-404-2

請於此處用膠水黏貼

商周出版

讀者回函卡

感謝您購買我們出版的書籍！請費心填寫此回函卡，我們將不定期寄上城邦集團最新的出版訊息。

姓名：＿＿＿＿＿＿＿＿＿＿＿＿＿＿＿＿ 性別：☐男 ☐女

生日：西元＿＿＿＿年＿＿＿＿月＿＿＿＿日

地址：＿＿＿＿＿＿＿＿＿＿＿＿＿＿＿＿

聯絡電話：＿＿＿＿＿＿＿＿＿＿ 傳真：＿＿＿＿＿＿＿＿＿＿

E-mail ：

學歷：☐ 1. 小學 ☐ 2. 國中 ☐ 3. 高中 ☐ 4. 大學 ☐ 5. 研究所以上

職業：☐ 1. 學生 ☐ 2. 軍公教 ☐ 3. 服務 ☐ 4. 金融 ☐ 5. 製造 ☐ 6. 資訊
☐ 7. 傳播 ☐ 8. 自由業 ☐ 9. 農漁牧 ☐ 10. 家管 ☐ 11. 退休
☐ 12. 其他＿＿＿＿＿＿＿＿＿＿

您從何種方式得知本書消息？

☐ 1. 書店 ☐ 2. 網路 ☐ 3. 報紙 ☐ 4. 雜誌 ☐ 5. 廣播 ☐ 6. 電視
☐ 7. 親友推薦 ☐ 8. 其他＿＿＿＿＿＿＿＿＿＿

您通常以何種方式購書？

☐ 1. 書店 ☐ 2. 網路 ☐ 3. 傳真訂購 ☐ 4. 郵局劃撥 ☐ 5. 其他＿＿＿＿

您喜歡閱讀那些類別的書籍？

☐ 1. 財經商業 ☐ 2. 自然科學 ☐ 3. 歷史 ☐ 4. 法律 ☐ 5. 文學
☐ 6. 休閒旅遊 ☐ 7. 小說 ☐ 8. 人物傳記 ☐ 9. 生活、勵志 ☐ 10. 其他

對我們的建議：＿＿＿＿＿＿＿＿＿＿＿＿＿＿＿＿

＿＿＿＿＿＿＿＿＿＿＿＿＿＿＿＿

＿＿＿＿＿＿＿＿＿＿＿＿＿＿＿＿

【為提供訂購、行銷、客戶管理或其他合於營業登記項目或章程所定業務之目的，城邦出版人集團（即英屬蓋曼群島商家庭傳媒（股）公司城邦分公司、城邦文化事業（股）公司），於本集團之營運期間及地區內，將以電郵、傳真、電話、簡訊、郵寄或其他公告方式利用您提供之資料（資料類別：C001、C002、C003、C011 等）。利用對象除本集團外，亦可能包括相關服務的協力機構。如您有依個資法第三條或其他需服務之處，得致電本公司客服中心電話 02-25007718 請求協助。相關資料如為非必要項目，不提供亦不影響您的權益。】

1.C001 辨識個人者：如消費者之姓名、地址、電話、電子郵件等資訊。
2.C002 辨識財務者：如信用卡或轉帳帳戶資訊。
3.C003 政府資料中之辨識者：如身分證字號或護照號碼（外國人）。
4.C011 個人描述：如性別、國籍、出生年月日。

請於此處用膠水黏貼

商周出版

廣　告　回　函
北區郵政管理登記證
北臺字第000791號
郵資已付，免貼郵票

英屬蓋曼群島商家庭傳媒股份有限公司城邦分公司

104 台北市民生東路二段141號2樓

請沿虛線對摺，謝謝！

書號：BK9004　書名：中文經典100句——孟子